国家职业技能等级认定培训教材
国家基本职业培训包教材资源

客房服务员

（中级）

本书编写人员

主　编　汝勇健
参　编　朱林生　尹洪弟　耿　芹　张耀宗

 中国人力资源和社会保障出版集团

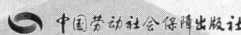 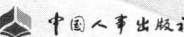

图书在版编目（CIP）数据

客房服务员：中级 / 人力资源社会保障部教材办公室组织编写. -- 北京：中国劳动社会保障出版社：中国人事出版社，2021

国家职业技能等级认定培训教材

ISBN 978-7-5167-2780-5

Ⅰ.①客… Ⅱ.①人… Ⅲ.①客房–商业服务–职业技能–鉴定–教材 Ⅳ.①F719.2

中国版本图书馆 CIP 数据核字（2021）第 055797 号

中国劳动社会保障出版社
中国人事出版社 出版发行
（北京市惠新东街 1 号　邮政编码：100029）

＊

北京鑫海金澳胶印有限公司印刷装订　新华书店经销
787 毫米 ×1092 毫米　16 开本　9.5 印张　155 千字
2021 年 4 月第 1 版　2024 年 12 月第 4 次印刷
定价：28.00 元

营销中心电话：400-606-6496
出版社网址：http://www.class.com.cn

版权专有　　侵权必究

如有印装差错，请与本社联系调换：（010）81211666
我社将与版权执法机关配合，大力打击盗印、销售和使用盗版图书活动，敬请广大读者协助举报，经查实将给予举报者奖励。
举报电话：（010）64954652

前　言

为加快建立劳动者终身职业技能培训制度，大力实施职业技能提升行动，全面推行职业技能等级制度，推进技能人才评价制度改革，促进国家基本职业培训包制度与职业技能等级认定制度的有效衔接，进一步规范培训管理，提高培训质量，人力资源社会保障部教材办公室组织有关专家在《客房服务员国家职业技能标准》（以下简称《标准》）和国家基本职业培训包（以下简称培训包）制定工作基础上，编写了客房服务员国家职业技能等级认定培训系列教材（以下简称等级教材）。

客房服务员等级教材紧贴《标准》和培训包要求编写，内容上突出职业能力优先的编写原则，结构上按照职业功能模块分级别编写。该等级教材共包括《客房服务员（基础知识）》《客房服务员（初级）》《客房服务员（中级）》《客房服务员（高级）》4本。《客房服务员（基础知识）》是各级别客房服务员均需掌握的基础知识，其他各级别教材内容分别包括各级别客房服务员应掌握的理论知识和操作技能。

本书是客房服务员等级教材中的一本，是职业技能等级认定推荐教材，也是职业技能等级认定题库开发的直接依据，已纳入国家基本职业培训包教材资源，适用于职业技能等级认定培训和中短期职业技能培训。

本书由南京旅游职业学院汝勇健担任主编，南京旅游职业学院朱林生、尹洪弟，南京金陵高等职业技术学校耿芹参与编写。本书在编写过程中得到江苏省职业技能鉴定中心、南京旅游职业学院的大力支持和帮助。在图片拍摄过程中得到了常州金陵明都大酒店等单位的大力支持与协助，在此一并表示衷心的感谢。

人力资源社会保障部教材办公室

目 录 CONTENTS

职业模块 1　客房清扫整理 …………………………………………………………… 1

　培训课程 1　客房计划卫生 …………………………………………………………… 3
　　学习单元 1　客房计划卫生的安排 ………………………………………………… 3
　　学习单元 2　家具的保养 …………………………………………………………… 12
　　学习单元 3　客房电器设备的清洁保养 …………………………………………… 20
　　学习单元 4　卫生洁具的清洁保养 ………………………………………………… 24
　　学习单元 5　金属制品的清洁保养 ………………………………………………… 25

　培训课程 2　楼层公共区域清洁保养 ………………………………………………… 30
　　学习单元 1　楼层公共区域清洁保养项目及要求 ………………………………… 30
　　学习单元 2　楼层走廊的清洁保养 ………………………………………………… 33
　　学习单元 3　楼层工作间的清洁 …………………………………………………… 40
　　学习单元 4　安全楼梯的清洁 ……………………………………………………… 42
　　学习单元 5　楼层消毒间的清洁 …………………………………………………… 44

职业模块 2　客房对客服务 …………………………………………………………… 47

　培训课程 1　代办服务 ………………………………………………………………… 49
　　学习单元 1　代办服务项目及流程 ………………………………………………… 49
　　学习单元 2　为客人代办修理物品服务 …………………………………………… 51
　　学习单元 3　为客人递送转交物品服务 …………………………………………… 54

　培训课程 2　针对性服务 ……………………………………………………………… 58
　　学习单元 1　针对性服务的内涵和要求 …………………………………………… 58
　　学习单元 2　贵宾服务 ……………………………………………………………… 62
　　学习单元 3　商务客人服务 ………………………………………………………… 65
　　学习单元 4　长住客服务 …………………………………………………………… 68
　　学习单元 5　常客服务 ……………………………………………………………… 71
　　学习单元 6　亲子家庭客人服务 …………………………………………………… 74

学习单元 7　网络订房（OTA）客人服务 …………………………………… 76
　　学习单元 8　老年客人服务 …………………………………………………… 78
　　学习单元 9　会议客人服务 …………………………………………………… 80
　　学习单元 10　旅游团队客人服务 …………………………………………… 82
　　学习单元 11　提供客人需求信息 …………………………………………… 83
　培训课程 3　会议布置与服务 …………………………………………………… 89
　　学习单元 1　会议室的布置 …………………………………………………… 89
　　学习单元 2　会议服务 ………………………………………………………… 94
　　学习单元 3　会议设备使用常识 …………………………………………… 100
　培训课程 4　特殊情况的处理 ………………………………………………… 106
　　学习单元 1　"请勿打扰"房的处理 ………………………………………… 106
　　学习单元 2　客人报失事件的处理 ………………………………………… 109
　　学习单元 3　客人要求开门的处理 ………………………………………… 111
　　学习单元 4　客人携带违禁品的处理 ……………………………………… 114
　　学习单元 5　客房争吵、打架情况的处理 ………………………………… 116
　　学习单元 6　报警处理 ………………………………………………………… 117

职业模块 3　客用品管理 …………………………………………………………… 121
　培训课程 1　楼层库房管理 ……………………………………………………… 123
　　学习单元 1　楼层库房物品的保管 ………………………………………… 123
　　学习单元 2　楼层库房物品的盘点 ………………………………………… 127
　　学习单元 3　楼层库房物品的报损 ………………………………………… 135
　培训课程 2　客用品的配备与领发 …………………………………………… 137
　　学习单元 1　客用品的配备 ………………………………………………… 137
　　学习单元 2　客用品的领发 ………………………………………………… 143

参考文献 ………………………………………………………………………………… 146

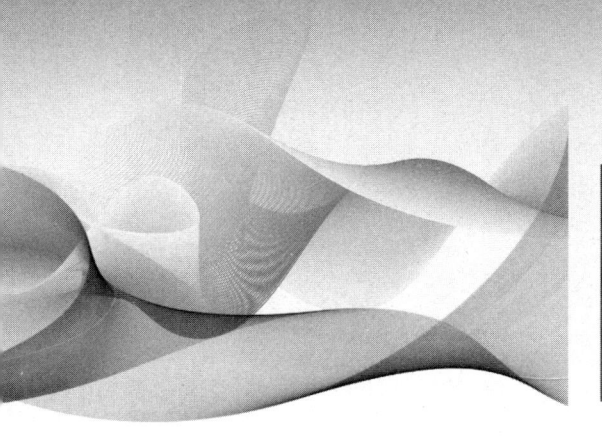

职业模块 ① 客房清扫整理

培训课程 1　客房计划卫生

　　学习单元 1　客房计划卫生的安排
　　学习单元 2　家具的保养
　　学习单元 3　客房电器设备的清洁保养
　　学习单元 4　卫生洁具的清洁保养
　　学习单元 5　金属制品的清洁保养

培训课程 2　楼层公共区域清洁保养

　　学习单元 1　楼层公共区域清洁保养项目及要求
　　学习单元 2　楼层走廊的清洁保养
　　学习单元 3　楼层工作间的清洁
　　学习单元 4　安全楼梯的清洁
　　学习单元 5　楼层消毒间的清洁

培训课程 1 客房计划卫生

学习单元 1 客房计划卫生的安排

一、客房计划卫生的意义

客房服务员日常工作量比较大，不可能每天将客房的每一处都彻底清扫干净，如天花板、高处的灯管、窗槽、床底等处。此外，一些区域及项目也没有必要每天进行清扫，如地毯清洗、坐便器水箱清洗、空调出风口过滤网清洁、金属器具的除锈保养、家具上蜡等。这些区域及项目通常列入客房计划卫生工作内容。

客房计划卫生是指有计划、周期性地对客房某些区域和卫生死角进行清洁，对家具设备进行保养。重视并做好客房计划卫生工作，可以提高客房清洁保养工作的质量，保证客房设备设施处于良好的状态。

二、客房计划卫生的内容

客房计划卫生内容较多，时间、空间限制条件不同，客房部需根据饭店客房档次、规格及清洁保养要求科学、合理地做好安排。

1. 确定客房计划卫生项目

客房计划卫生项目的确定是计划卫生管理的第一步，就一间客房来说，究竟哪些区域及项目应当列为计划卫生工作内容，哪些区域及项目列为日常卫生工作内容，应先予以确定。有一些饭店将部分客房计划卫生项目作为日常卫生去做，如床底每天吸尘、门框每天擦拭，导致客房清扫工作效率低下、劳动力成本增加。因此，合理确定计划卫生项目是非常必要的。

在实际工作中，各饭店对客房计划卫生项目的确定并没有统一的标准，但大多数饭店对客房计划卫生项目的理解是比较接近的。

在确定客房计划卫生项目时，应当从各方面去考虑工作的合理性和必要性，并以此作为确定客房计划卫生项目的依据。客房计划卫生主要包括以下项目。

（1）日常卫生工作难以触及的区域和卫生死角，如人体接触不到的墙壁、天花板、房顶吊灯的清洁，以及护墙板、卫生间地漏清洁等。

（2）需要移动大型家具设备方可进行清扫的区域，如床底，电冰箱、组合家具及床头柜底部除尘等。

（3）费时、费工的项目，如玻璃、天花板、窗户、窗帘轨、电视机外壳散热孔的清洁等。

（4）金属器具的保养，包括水龙头、房号牌、门把手的除尘、除锈等。

（5）软面装饰材料的清洁保养，如地毯、墙布的定期清洗。

（6）坐便器底座除尘，进水管与进水开关除锈，水箱污垢清除。

（7）客房织物的清洗，如床裙、床垫、窗帘的清洗等。

（8）中式仿古家具雕花空隙的除尘。

2. 确定客房计划卫生项目的循环周期

客房部管理人员需根据饭店设备设施的配备情况、清洁保养的要求和客房出租率等情况，确定客房计划卫生项目的循环周期。客房计划卫生项目较多，根据循环周期的不同，通常分为短期、中期和长期客房计划卫生项目。

（1）短期客房计划卫生项目。短期客房计划卫生项目是指循环周期为1个月以内的卫生项目，多是一些日常不易清洁到的卫生死角，如床底、房门边框、踢脚线、地漏、窗槽、坐便器水箱、排风扇、空调出风口过滤网、房间电线清洁（包括电器用电源线、电话线、电视接收电缆线、网线），以及电冰箱、电视机外壳散热孔除尘等。

短期客房计划卫生包括周计划卫生及月计划卫生。周计划卫生即每周循环一次的计划卫生项目，通常分解到每一周的某一天。表1-1为某饭店客房周计划卫生项目安排表。月计划卫生即每月循环一次的计划卫生项目，不固定在某一天，由楼层领班、主管根据当月的工作任务、人员情况安排，客房服务员完成后，在表单上注明完成的日期及完成人。表1-2为某饭店客房月计划卫生项目安排表。

表 1-1　某饭店客房周计划卫生项目安排表

星期	计划卫生项目
一	清洁空调出风口过滤网、空调器开关、日光灯挡网、房间背景音乐扬声器
二	擦拭床腿、家具后的踢脚线、挂画、衣橱挂衣杆及衣架、家具侧面及背面，床底吸尘，软面家具吸尘
三	彻底清洁卫生间地面，清洁地漏，彻底清洁坐便器出水口及水箱，清洁洗脸盆、浴缸内外及出水口、下水塞
四	彻底清洁水龙头、淋浴喷头、浴帘，清洁、保养房门
五	电话机消毒，擦净所有电器的电源线并将其缠好，清洁吹风机，擦净、擦亮各种金属器件
六	擦拭玻璃窗（内窗）、窗框、窗槽
日	清洁垃圾桶、茶盘、电冰箱内外，大理石台面上蜡抛光

表 1-2　某饭店客房月计划卫生项目安排表

项目 \ 完成日期及人员 \ 月份	1月	2月	3月	4月	5月	6月	7月	8月	9月	10月	11月	12月
窗帘、窗纱吸尘及窗檐除尘	21/王小丽	20/李红	21/王小丽									
防滑垫刷洗	5/李红	3/王小丽										
电源插座、插孔及门镜清洁												
洗脸盆下水管除尘												
家具除渍、上蜡保养及抽屉轨道清洁												
清除办公椅、沙发夹缝杂物												
彻底清洁灯具（灯头、灯泡、灯罩）												
床底、床头吸尘，清洁地毯边角												
清洁电视机外壳（包括转盘及柜内）												

续表

月份 完成日期及人员 项目	1月	2月	3月	4月	5月	6月	7月	8月	9月	10月	11月	12月
清洁卫生间天花板												
清洁淋浴间及镜面												
保养不锈钢器具												
彻底清洁卫生间墙面、地面												
床铺细致卫生												

（2）中期客房计划卫生项目。中期客房计划卫生项目是指以1个月以上半年以内为一个清洁周期的计划卫生项目，如软面椅子坐垫、靠背的清洗，软墙面的清洁，床垫翻转，金属器具除锈保养，地毯干洗，窗帘轨除尘，客房墙面和天花板除尘等。表1-3为某饭店中期客房计划卫生项目。

表1-3 某饭店中期客房计划卫生项目

项目	周期	项目	周期
客房地毯干洗	3个月	枕头烘干处理	3个月
客房走廊通道地毯抽洗	3个月	床垫翻转	3个月
金属器具除锈保养	3个月	房务工作车细致卫生	3个月
软面椅子坐垫、靠背清洗	3个月	窗帘轨除尘	3个月
客房墙面和天花板除尘	3个月	纱窗帘清洗	3个月
天花板装饰线吸尘	6个月	防火门、房务工作车喷润滑剂	2个月

（3）长期客房计划卫生项目。长期客房计划卫生项目通常是指循环周期为半年到一年的卫生项目，如厚窗帘、床罩、毛毯、床裙的清洗等。饭店通常将长期客房计划卫生与季节性大扫除或年度大扫除结合起来，集中在淡季对所有客房的家具、设备和床上用品进行全面的清洁保养。表1-4为某饭店长期客房计划卫生项目及要求。

表 1-4　某饭店长期客房计划卫生项目及要求

序号	项目	要求
1	撤除并清洗窗帘、浴帘、床罩	（1）将纱窗帘、厚窗帘、浴帘撤下 （2）注意检查窗帘挂钩有无损坏
2	撤下被套、保护垫，翻转床垫	（1）将床垫按顺序翻转，擦净床脚 （2）更换保护垫
3	擦拭窗户玻璃、窗轨及窗锁，门轴上油	（1）用玻璃清洁剂擦拭窗户玻璃，并用玻璃刮刮净 （2）用半湿抹布将窗轨、窗框擦拭干净 （3）给窗锁、门轴上油，关闭窗户
4	清洁电线、电源插座，擦拭电话机、电视机	（1）用干抹布将电线、电源插座擦干净 （2）用酒精棉球擦拭电话机，擦净电视机
5	清洁房间的墙纸、地毯、天花板、空调出风口过滤网、挂画、灯罩、冰箱	（1）将烟感器擦干净，将空调出风口过滤网取出，到卫生间冲洗 （2）用吸尘器管吸天花板及死角挂灰 （3）将挂画、灯罩擦拭干净 （4）用清洁剂清洁墙纸污渍，再用干抹布擦净 （5）用清水或地毯清洁剂对地毯污点进行局部清洁 （6）清洁冰箱
6	房间家具除尘、打蜡	（1）除尘时需注意家具死角位置的清洁 （2）给家具打蜡时，需将蜡喷洒均匀且用量适度 （3）搬动家具后要注意将家具恢复原状
7	清洁卫生间排风机、金属器具、浴帘杆等小五金，以及水箱、卫生洁具	（1）用清洁剂将卫生间内的金属器件清洗干净，然后用干抹布擦干、擦亮 （2）使用专用清洁工具和清洁剂刷洗坐便器、水箱内的水垢，并清洁外部污渍 （3）用适量酸性清洁剂清洁洗脸盆、浴缸下水口黄渍、浴缸防滑垫，并将卫生间内各边角的白胶刷洗干净 （4）彻底清洁浴缸、淋浴间等
8	清洁卫生间的墙壁、镜子、大理石台面、地面	（1）擦洗卫生间墙壁四周，再用水冲净 （2）擦洗大理石台面，再用水冲净 （3）用玻璃清洁剂将卫生间镜面清洗干净 （4）擦洗地面，然后用水冲净
9	擦拭卫生间所有设施	（1）用专用干抹布按顺序将卫生间四周墙壁、卫生洁具、地面擦干净 （2）用干抹布将卫生间金属器件擦净、擦亮
10	铺床	将床铺整理好
11	吸尘，补充客用品	（1）将床、电视柜等家具搬开后吸尘 （2）补充房间、卫生间客用品

三、客房计划卫生工作安排

所有客房计划卫生项目及清洁周期确定以后,应设法将这些客房计划卫生工作有条不紊地安排下去,并实现有效的质量控制。饭店应当根据具体情况安排落实客房计划卫生工作。

1. 短期客房计划卫生工作安排

短期客房计划卫生的最大特点是周期短、项目多,但操作简单,大多由楼层客房服务员来完成。短期客房计划卫生工作的安排一般可以采用以下几种方式。

(1)单项方式。单项方式就是将所有短期计划卫生项目排列出来以后,除日常的清扫整理工作外,可规定客房服务员每天对客房的某几个区域及项目进行彻底清洁。这样,经过若干天对不同区域及项目的彻底清扫,即可完成房间的全部清洁计划。具体安排方法参见表1-1某饭店客房周计划卫生项目安排表。

(2)单间方式。单间方式就是要求客房服务员每天大扫除一间客房。例如,某客房服务员每天负责13~15间客房的清扫,要求该员工每天彻底大扫除一间客房,13~15天即可对其所负责的所有客房做一次计划卫生。安排彻底大扫除的单间客房最好选择空房和维修房,这样既不影响客房出租,也易保证大扫除的质量。

(3)突击方式。突击方式一般在两种情况下进行:一是在特殊情况下,如遇到重要接待任务;二是在旅游旺季,常常会出现人手紧张,正常的客房计划卫生工作难以实施。针对这两种特殊情况,饭店可采取突击方式,即选择最合适的一天,动员包括部分行政人员在内的员工,对客房各个计划卫生项目进行突击清扫,速战速决。

2. 中期客房计划卫生工作安排

中期客房计划卫生的大多数项目是由客房服务员来完成的,也有部分项目(如地毯、墙布的清洗)需要相应的技术设备与专业技术人员以及公共区域小组(PA组)来完成。公共区域小组必须根据整个饭店的客情变化,结合客房部的实际情况灵活安排。例如,地毯和墙布的清洗在必要的情况下也可以分区域、分楼层进行。

3. 长期客房计划卫生工作安排

长期客房计划卫生由于时间跨度大,在时间安排和方式上可以根据具体情况灵活选择，通常饭店选择在客流淡季进行。如果全年接待任务都非常紧张，也可以一个楼层一个楼层地安排。长期客房计划卫生工作所需时间较长，因此需要前厅部配合，对所选楼层实行封闭。工程部维修人员可利用此机会对设备设施进行全面检查和维修保养。

四、客房计划卫生工作注意事项

客房计划卫生工作涉及范围广，有些项目劳动强度大、清洁卫生要求高，应注意以下四个方面的事项。

1. 加强计划性

客房计划卫生工作关键要有计划性，有计划、有重点地安排各项清洁保养工作。切不可没有计划性，或制订了计划又不落实检查。加强计划性需注意做好以下工作。

（1）将客房周期性清洁卫生计划表（见表1–5）贴在楼层工作间的告示栏内或门背后，楼层领班还可在客房清扫工作报表（见表1–6）上每天填写计划卫生的项目，以便督促客房服务员完成当天的计划卫生工作。

（2）客房服务员每完成一个项目或清扫完一间客房后即在客房周期性清洁卫生计划表上填写完成日期并签名。

表1–5 客房周期性清洁卫生计划表

项目 房号	地毯	墙面	卫生间	家具	门窗	小冰箱	……	备注
601	6月9日张小敏	6月20日张小敏						
602	6月9日张小敏	6月20日张小敏						
603	6月9日张小敏	6月20日张小敏						
604	6月9日张小敏	6月20日张小敏						

表 1-6 客房清扫工作报表

楼层：3　　　姓名：王小丽　　　日期：2018 年 6 月 8 日

房号	状况	人数	清扫时间 入	清扫时间 出	维修项目	备注	
301	LSG	1					当日计划卫生：清洁卫生间水箱
302	VD						
303	OOO						
304	VC						
305	VC						
306	OOO						
307	OCC	2					上级指令：
308	VIP	1					
309	OCC	2					
310	E/D	2					
311	OCC	1					
312	OCC	1					
315	OCC	2					
316	OCC	2					其他：

表中，LSG 为长住房，VD 为未清扫房，OOO 为待修房，VC 为空房，OCC 为住客房，VIP 为贵宾房，E/D 为当日预期离店房。

2. 做好安全管理工作

客房计划卫生工作，如清洁门窗玻璃、天花板等，多以高空作业为主。客房部必须培训员工规范操作，加强员工安全教育，预防事故发生。例如，站在窗台上擦外层玻璃时须系好安全带，清洁天花板或灯管时要使用人字梯或凳子。

3. 配备清洁用具及清洁剂

要做好客房计划卫生，就要重视清洁用具及清洁剂的准备工作。如果这一环节没有做好，不仅会浪费清洁剂、降低工作效率，而且往往达不到预期的清洁、保养效果，甚至还会带来额外的麻烦。例如，给木质地板打蜡，本应用油性蜡，结果误用水性蜡，不仅不美观，而且会对木质地板造成损坏。因此，根据客房计划卫生工作的内容，选择合适的清洁用具及清洁剂是做好客房计划卫生工作的重要一环。

4. 保证质量

实施客房计划卫生项目必须保证质量。客房部管理人员必须加强检查督导。表 1-7 为某饭店客房计划卫生项目质量标准。

表 1-7　某饭店客房计划卫生项目质量标准

序号	项目	工具准备	质量标准	注意事项
1	吸房间边角灰尘	吸尘器、抹布、毛刷	地毯疏松、无杂物	不能用扫把扫地毯
2	清洁电话机并消毒	清洁剂、抹布、酒精棉球	清洁、无污染、无异味	注意擦拭电话线
3	清洁窗户及窗台	玻璃刮、抹布、毛刷	玻璃明亮、无水渍，窗台无尘	（1）窗帘挂钩不能掉在地毯上 （2）注意安全
4	墙面、天花板除尘	除尘扫把、鸡毛掸	无尘、无挂灰	注意安全
5	清洁小冰箱	水桶、多功能清洁剂、海绵、抹布	干净、无异味	（1）注意先切断电源 （2）将走客房、空房冰箱开关调至"OFF"挡
6	擦拭空调，清洗过滤网	干抹布、湿抹布	无灰尘、无污渍	注意检查出风口
7	翻转床垫	—	定期翻转	注意床垫角编号，并记录备查
8	清洁电源插座	清洁剂、抹布	干净、无污渍	（1）注意先切断总电源 （2）注意防潮
9	擦拭床头灯及金属部分	抹布、擦铜水	光亮、无污渍	必须用干抹布擦拭，切勿使用湿抹布
10	擦踢脚线	干抹布	干净、无尘	注意衣柜后及门后踢脚线的擦拭
11	擦排风机	抹布、刷子	干净、无尘、无污渍	注意先切断电源
12	清洁坐便器	坐便器刷、酸性清洁剂	无水痕、无锈渍	（1）关闭进水阀门，将水位降到最低 （2）注意清洁每层盖缝、坐便器外部和底座
13	清洁浴缸	浴缸刷、多功能清洁剂	洁净、无水渍、无污渍	空房也需清洁

续表

序号	项目	工具准备	质量标准	注意事项
14	刷洗瓷砖墙面	刷子、海绵、中性及酸性清洁剂、抹布	干净、无水渍、无皂渍	注意瓷砖拼接缝处要刷洗干净
15	清洗卫生间地面	刷子、酸性清洁剂	干净、无污渍、无水渍	注意清洁地漏、坐便器后的地面和洗面台下的地面
16	擦拭金属器件	擦铜水、抹布	光亮、无手印	金属器件主要包括浴帘杆、毛巾架、浴巾架、浴缸扶手、水龙头等

学习单元2 家具的保养

一、床的保养要求

1. 床架的保养要求

（1）经常注意检查床架各部件是否牢固安全。摇动床架，听有无异响。若有，必须及时报修。

（2）有的床架带有活动轮，由于使用频繁，一旦出现脱落和破损，应及时报修和更换。

（3）床架与其他木质家具一样，需要注意防潮、防蛀、防水、防热，保持清洁、光亮。

（4）靠近卫生间的床应与卫生间墙面保持10 cm以上的距离，既可防潮，又便于操作。

2. 床垫的保养要求

（1）床垫如图1-1所示。在床垫上加铺保护垫，注意用松紧带将保护垫固定在床垫上（见图1-2），否则铺床时保护垫容易滑动，会给操作带来困难。保护垫脏时更换即可。

（2）定期翻转床垫，使床垫受压部分相对均匀，以延长床垫的使用寿命。

（3）注意检查床垫有无损坏，若有损坏应及时报修。

（4）若发现床垫四周边沿有积灰，需及时用小扫帚或吸尘器清除。

图 1-1 床垫

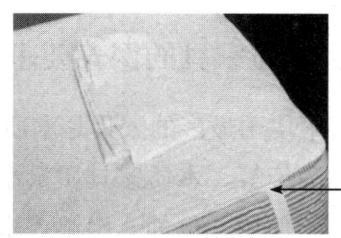

图 1-2 床垫保护垫

（5）定期用吸尘器专用家具吸嘴（见图 1-3）对床垫进行吸尘，通常一个季度进行一次，尽量安排在空房时间段进行。

二、沙发的保养要求

1. 可选用质地好的面料制作沙发套，以保护沙发面层清洁和不受磨损。

图 1-3 吸尘器专用家具吸嘴

2. 可在沙发靠背顶部和两侧的扶手位置放置与沙发比例相符的花垫。花垫可以起到保护和美化沙发的作用，而且便于随时清洗。

3. 沙发面层有头发或其他细小杂物时，可用清洁胶带在沙发上擦滚（见图 1-4），粘除头发或其他细小杂物。

4. 沙发面层有污渍时，需用海绵蘸上清洁剂进行擦洗，然后用干抹布吸去清洁剂，再用清水擦洗，最后用干抹布吸干水分。

5. 经常翻转沙发坐垫，以保证坐垫受压均匀。

6. 经常对沙发进行吸尘，以保持其清洁（通常半个月安排一次吸尘）。

7. 沙发面层如污染严重，需撤换，并将换下来的脏沙发罩（面层）送至洗衣房洗涤。布艺沙发可用洗沙发机或地毯/沙发抽洗二合一机器直接进行清洗，如图 1-5 所示。

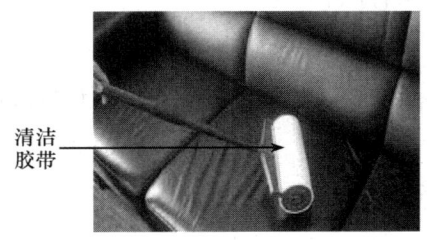

图 1-4 软面家具清洁胶带

图 1-5 清洁布艺沙发

三、木质家具的保养要求

客房中使用最多的家具是木质家具，如写字台、梳妆台、书桌、壁柜、花架、床头柜、酒柜等。木质家具质量小，强度较高，纹理美观，制作简单，所以在客房中被广泛使用。例如，用银杏木、楠木、水曲柳等制作的家具，纹理好、品质优；用樟木和银杏木做衣柜可避虫害。但由于木材本身的特点，木质家具有易变形、易腐朽、易燃、质地结构不均匀等缺点，所以在使用中应根据其特性加以保养，保养主要有以下几个要求。

1. 防潮

（1）木质家具受潮后容易变形、开胶和脱漆，因此放置家具时一般要距离墙 5~10 cm，并要注意经常通风换气。如果室内长期密闭不通风，特别是潮气较重的房间，家具会发霉、开裂和掉漆。

（2）擦拭家具不能用带水的抹布，应使用软干抹布轻轻擦拭，以保持家具的干燥。

2. 防水

（1）木质家具表面有水渍时要及时擦干。

（2）若沾上难以擦拭的污渍，可用抹布蘸少许多功能清洁剂擦拭，然后用湿抹布去除清洁剂残痕，再用软干抹布擦拭。

3. 防热

（1）木质家具经阳光暴晒容易收缩，所以日常应避免烈日暴晒。

（2）摆放家具时不要靠近暖气片，以防家具被烘干而开裂。

4. 防虫蛀

在壁柜、抽屉底层，宜放些防虫香或喷洒防虫剂。

5. 定期打蜡上光

家具长时间使用后会失去光泽，所以需要定期打蜡上光。

6. 轻搬轻放

移动家具时必须轻搬轻放，切忌在地上强行拖拽。搬动家具时注意不要碰撞其他物品和墙面。

清洁沙发操作

一、操作准备

1. 工具准备：洗沙发机或地毯/沙发抽洗二合一机器（简称抽洗机）、干净抹布2块、吹风机、告示牌。
2. 物料准备：除渍剂（用于除去水溶性污渍）、除油剂（用于除去油性污渍）。
3. 对沙发进行局部除污，清除小的污渍。将适量除渍剂或除油剂喷在沙发污渍表面，用干净抹布擦去污渍，再用另一块干抹布吸出多余水分。

二、操作步骤

步骤1　清洗

（1）将清洁剂倒入抽洗机泡箱内（见图1-6），同时将抽洗机的水箱装满清水。

（2）分别连接泡箱和抽洗机喉管（见图1-7）、吸头（见图1-8）、手刷，并接通电源。

图1-6　将清洁剂倒入抽洗机泡箱

（3）启动抽洗机开关，手拿手刷，待泡沫从喉管内排出时，用手刷刷洗，如图1-9和图1-10所示。

（4）重点刷洗沙发扶手、坐垫等部位。

步骤2　吸除水分

（1）启动抽洗机电源开关。

图1-7　连接抽洗机喉管

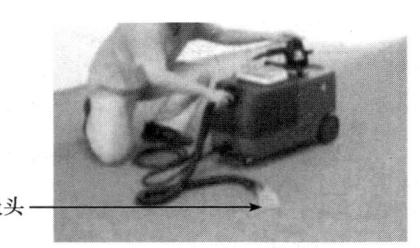

图1-8　连接抽洗机吸头

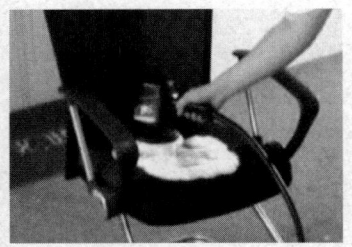
图1-9 用手刷刷洗（1）

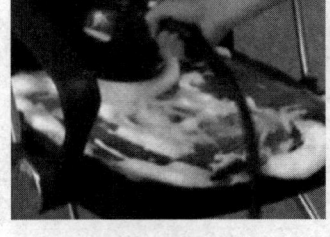
图1-10 用手刷刷洗（2）

（2）吸头紧贴椅面，一边喷水一边吸水进行抽洗（见图1-11）。反复抽洗3~4次，直至把水分全部吸干为止。清洗后沙发无污渍和斑点。

步骤3　吹干

用吹风机把沙发吹干。

步骤4　结束工作

将清洁机器设备及清洁剂妥善存放，抹布送洗衣房洗涤。

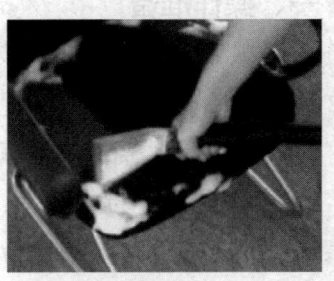
图1-11 用吸头抽洗

三、注意事项

1. 在清洁沙发前需先将沙发表面的污渍清除。
2. 使用抽洗机时，注意不能加入热水。
3. 工作区域需放告示牌。

操作技能2

家具打蜡保养操作

一、操作准备

1. 工具准备：干净抹布3块（干软抹布2块、半干软抹布1块）。
2. 物料准备：专用家具蜡、多功能清洁剂。

二、操作步骤

步骤1　除尘

（1）将半干软抹布折叠好，擦除家具浮灰和污渍。

（2）对擦除不掉的污渍应用干软抹布蘸少许多功能清洁剂擦除，再用折叠好的干软抹布擦除水渍，待干。

步骤 2　喷蜡

将摇晃均匀的专用家具蜡均匀、适量地喷在干软抹布上，如图 1-12 所示。

步骤 3　打磨抛光

（1）用喷上专用家具蜡的干软抹布全面擦拭家具，注意擦拭家具侧面（见图 1-13 和图 1-14），要按照木板的条纹进行擦拭上蜡。

（2）打完蜡过 3～5 min，用一块干软抹布进行抛光，直至家具表层光亮为止，如图 1-15 所示。

图 1-12　将专用家具蜡均匀、适量地喷在干软抹布上

图 1-13　全面擦拭家具

图 1-14　擦拭家具侧面

图 1-15　家具抛光

步骤 4　检查

（1）检查家具油漆是否完好，抽屉抽拉是否灵活，抽屉拉手是否完好、稳固，如有问题应立即报修。

（2）检查抽屉内有无杂物和客人遗留物品，如有杂物应立即清理，客人遗留物品应交客房中心。

三、注意事项

1. 给家具打蜡时需选择全棉、柔软的抹布，如用非全棉、粗糙的抹布擦拭家具，会使家具表面产生划痕，影响美观和效果。

2. 喷蜡的距离应适当，喷涂要均匀。如喷蜡距离过远，则雾状的蜡剂会飘落到不需要的地方，既造成浪费，又产生污染。

3. 高空打蜡时应使用高梯或伸缩杆，并注意安全。

操作技能 3

房门的清洁保养操作

一、操作准备

1. 工具准备：干净抹布 3 块（干软抹布 2 块、干抹布 1 块）。
2. 物料准备：专用家具蜡、多功能清洁剂、擦铜水。

二、操作步骤

步骤 1　清洁房门

（1）用干抹布擦拭房门。

（2）将清洁剂喷洒在房门上。

（3）用干抹布将房门擦净。

步骤 2　清洁门下边角

用干抹布将门框、门镜、门链等大门边角处的灰尘擦拭干净。

步骤 3　铜器抛光

用擦铜水将房门上的铜器部件清洁抛光。

步骤 4　打蜡

（1）将专用家具蜡喷在干软抹布上，擦拭门面、门框各处。

（2）用干抹布将房门擦净擦亮。

步骤 5　检查

（1）检查房门开启是否轻松自如，房门油漆是否均匀，门锁、门镜是否完好。

（2）发现异常现象应及时填写维修单，并在维修单上注明需修理的房门房号。

步骤 6　结束工作

清洁用过的工具、物料并妥善存放。

床垫的翻转操作

一、操作准备

1. 撤下床上所有棉织品，包括床垫保护垫。
2. 检查床垫是否有污染，如有污染及时上报。
3. 检查床垫弹簧的"固定钮"是否脱落，如果脱落及时报修。
4. 对床垫表面进行吸尘。

二、操作步骤

步骤1　在床垫上做标号

操作前将所有床垫按标准做好标号。正面为单数，反面为双数；正面左下角标号为"1"，正面右上角标号为"3"；反面左下角标号为"2"，反面右上角标号为"4"，如图1-16和图1-17所示。

图1-16　床垫正面

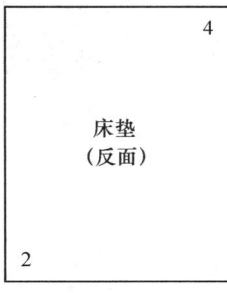

图1-17　床垫反面

步骤2　放床垫

第一季度将所有床垫按标号"1"在左下角，标号"3"在右上角放置，如图1-16所示。

步骤3　翻转床垫

（1）第二季度第一周内将所有床垫从右向左翻转180°，使标号"2"置于左下角，如图1-17所示。

（2）第三季度第一周内将所有床垫从床头向床尾翻转180°，使标号"4"倒置于左下角。

（3）第四季度第一周内将所有床垫从右向左翻转180°，使标号"3"倒置于左下角。以此类推，循环进行。

 **相关链接**

标注月份的床垫

一些饭店在订购床垫时，要求供货商在床垫角上做好月份、季度的标志（见下图）。一季度一、二、三月的标志在床尾，正面向上。每个季度将床垫翻转一次。二季度四、五、六月的标志在床尾，正面向上。以此类推，方便员工操作及管理人员检查。

一季度标志

三季度标志

学习单元3　客房电器设备的清洁保养

操作技能1

电冰箱的清洁保养操作

一、操作准备

1. 工具准备：干净的干软抹布3块、除霜铲1把。

2. 物料准备：多功能清洁剂、清水。

二、操作步骤

步骤1 切断电源

拔下电源插头，切断电源。

步骤2 取出食品、饮料

（1）取出电冰箱内的所有物品，放在规定的地方。

（2）冷藏软饮料。

步骤3 除霜

如电冰箱结霜，须用专用除霜铲进行除霜，再用干软抹布将水分吸走。

步骤4 清洁

（1）将适量稀释好的多功能清洁剂喷洒在电冰箱内壁上。

（2）用干软抹布蘸清水将清洁剂擦除。

（3）由里至外用干软抹布擦净电冰箱。

（4）用干软抹布擦净电冰箱外部。

步骤5 检查

发现电冰箱有异常声响或制冷效果不佳时，应及时报工程部检修。

步骤6 结束工作

清洁用过的工具、物料并妥善存放。

三、注意事项

1. 电冰箱内存放的食品、饮料不宜过多，以免影响制冷效果。

2. 电冰箱长期不用时，要拔下电源插头，切断电源，取出食品、饮料，并清理干净电冰箱内部。电冰箱停用后，每月应接通电源一次，通电时间为 0.5~1 h。

3. 电冰箱电源一旦中断，要过 5 min 后再接通电源。

4. 给电冰箱除霜时，不可用尖硬刀子或金属物件刮剥，以免损坏蒸发器和其他部件。

5. 通常 1 个月进行一次客房内小冰箱的彻底清洁保养。

电视机的清洁保养操作

一、操作准备

1. 工具准备：干净的干软抹布2块、小棉签若干。
2. 物料准备：清水、多功能清洁剂。

二、操作步骤

步骤1　清洁

（1）用干软抹布擦净机壳外表的灰尘。

（2）将小棉签蘸少许清水后挤干，然后伸进电视机后盖的散热孔洞和缝隙，将沉积的灰尘擦净。

（3）若机壳较脏，应用干软抹布蘸少许多功能清洁剂擦拭，再用干软抹布蘸少许清水擦净。

步骤2　检查

（1）打开电视机，检查电视机遥控器是否能够正常使用，如电池电力不足，应及时更换。

（2）检查电视机图像是否清晰，有无跳台。如出现图像不清晰等故障，应进行调试，直至清晰为止。

三、注意事项

1. 用干软抹布擦除电视机表层灰尘之前须切断电源，以防漏电伤人。
2. 用小棉签蘸清水擦洗电视机后盖的散热孔洞和缝隙时，水不可过多，以免浸湿电视机内部零件。
3. 非专业人员切勿打开电视机机箱后盖，否则有电击危险。
4. 若有液体或异物进入机箱内，应立即拔掉电源线，并请专业人员检查后才可使用。
5. 要注意保护电源线。
6. 电视机长期不用时，应用布罩套好，以避免灰尘附着。

空调的清洁保养操作

一、操作准备

1. 工具准备：干净的干软抹布3块、人字梯。

2. 物料准备：空调专用清洁剂（主要用于空调外壳、出风口及过滤网的除尘和清洗，有些厂家生产的空调专用清洁剂带有一定的灭菌功效）、清水。

二、操作步骤

步骤1　撤下空调出风口外罩和过滤网

架好人字梯，撤下空调出风口外罩和过滤网。

步骤2　除灰尘

用干软抹布擦拭空调外壳、出风口外罩表层。

步骤3　清洗过滤网

（1）将过滤网浸泡在稀释的空调专用清洁剂中，并轻轻搓洗。

（2）用清水将清洁剂冲洗干净，将水擦干。

步骤4　安装

重新装上擦洗干净的过滤网和空调出风口外罩。

步骤5　结束工作

收拾工具、物料，恢复工作现场。

三、注意事项

1. 定期（通常为1个月）对空调出风口及其过滤网进行清洁保养，不仅有利于空气的正常流动，确保空调的制冷、制热效果，也有利于减少室内空气中的尘埃和细菌，确保客人的身体健康。

2. 空调的清洁保养工作应在走客房或空房、待修房内进行，以免打扰客人。

3. 架人字梯时要注意防滑，登爬人字梯时须注意安全。

4. 清洗过滤网时不可用力搓洗，以防损坏过滤网。

学习单元4　卫生洁具的清洁保养

操作技能

卫生洁具的清洁保养操作

一、操作准备

1. 工具准备：干净的干软抹布3块，专用抹布1块，橡胶手套1副，脸盆刷、坐便器刷、水箱专用刷、浴缸刷、专用牙刷各1把。

2. 物料准备：配备好的清洁篮、金属除迹剂、不锈钢清洁剂、消毒剂、酸性清洁剂、清水。

二、操作步骤

步骤1　清洁洗脸盆

（1）将清洁篮中的清洁剂喷在洗脸盆及台面上。

（2）用脸盆刷清洗盆面及台面。

（3）清洁下水塞及下水口。

（4）用清水将洗脸盆及台面冲洗干净。

（5）用干软抹布将洗脸盆及台面擦干擦净。

（6）用金属除迹剂及不锈钢清洁剂擦拭水龙头。

步骤2　清洁坐便器

（1）将酸性清洁剂滴入坐便器中，用坐便器刷将坐便器刷洗干净。

（2）冲洗坐便器。

（3）用经稀释后的消毒剂浸泡过的抹布擦拭坐便器盖板、坐板及坐便器外部。

（4）用清水洗净残留溶液，再用专用抹布擦干。

步骤3　清洁水箱

（1）关闭进水箱的阀门，放净水箱内的水。

（2）打开水箱盖，将水箱盖放在地面上合适的地方。

（3）将少量的酸性清洁剂滴入水箱内。

（4）用水箱专用刷刷洗水箱内壁四周。

（5）打开进水阀门，用清水将箱内污物冲洗干净。

（6）将水箱盖盖好，擦净水箱外部。

步骤4　清洁浴缸

（1）将酸性清洁剂喷洒在浴缸内。

（2）用浴缸刷刷洗浴缸。

（3）拔出下水塞，用专用牙刷蘸酸性清洁剂刷洗下水塞及下水口。

（4）用清水将酸性清洁剂冲洗干净。

（5）用干软抹布将浴缸水渍擦干擦净。

（6）用金属除迹剂及不锈钢清洁剂擦拭水龙头。

步骤5　结束工作

清洁用过的工具、物料并妥善存放。

三、注意事项

1. 清洁卫生洁具的抹布需专用。
2. 避免使用粗糙的清洁用品（如百洁布等），以免损伤卫生洁具。
3. 客房服务员在操作时应戴上橡胶手套，做好必要的防护。

学习单元5　金属制品的清洁保养

铜制品的清洁保养操作

一、操作准备

1. 工具准备：干软抹布2块、专用抹布1块。
2. 物料准备：碱性清洁剂、擦铜水。

3. 将报废的床单铺在地面上以保护地毯或地板。

二、操作步骤

步骤1　除灰尘

用干软抹布擦除铜制品表面浮灰。

步骤2　去油渍

用干软抹布蘸上少许碱性清洁剂擦拭局部污渍。

步骤3　擦拭铜制品

（1）将擦铜水均匀地喷涂在铜制品上或专用抹布上。

（2）擦铜水须在铜器上停留30 s后，再用干净抹布对铜器表面反复擦拭、抛光，直至光亮为止，如图1-18所示。

图1-18　清洁保养大厅铜柱

步骤4　结束工作

清洁用过的工具、物料并妥善存放。

三、注意事项

1. 客房主要铜制品有铜制门牌号、铜把手、铜制灯具等。客房服务员日常清扫整理客房时，都需用干抹布擦拭铜制品，定期（通常以1个月为周期）对铜制品进行擦拭保养工作。

2. 操作时在地面上铺垫一小块报废的床单，以防清洁剂、擦铜水洒滴污染地面。

3. 应按照先除灰除渍，再喷涂擦铜水，最后擦洗抛光的程序操作。

不锈钢饰材的清洁保养操作

一、操作准备

1. 工具准备：干软抹布 2 块、专用抹布 1 块。
2. 物料准备：碱性清洁剂。

二、操作步骤

步骤 1　除灰尘

（1）将干软抹布折叠，大小视金属器具尺寸而定。

（2）用干软抹布擦除不锈钢饰材表面浮灰。

（3）如表面太脏，则先用涂有碱性清洁剂的抹布反复用力擦拭，直至擦净为止。

步骤 2　擦拭

（1）将碱性清洁剂摇匀，无沉淀后喷涂在抹布上。

（2）用力均匀地擦拭不锈钢饰材表面，切记不可等碱性清洁剂干后再使用。

（3）用干软抹布将不锈钢饰材上的碱性清洁剂擦净。

（4）用干软抹布反复用力地擦拭不锈钢饰材，直至光亮为止，如图 1-19 所示。

图 1-19　清洁保养不锈钢立式垃圾筒

步骤3 结束工作

清洁用过的工具、物料并妥善存放。

三、注意事项

1. 清洁不锈钢饰材表面时不能划伤其表面,禁止使用研磨粉剂和钢丝球等工具,避免表面出现划痕而影响美观。

2. 用柔软的平纹布擦拭、去除灰尘,严禁使用强酸、强碱等腐蚀性清洁剂,以免不锈钢饰材表面受损。

 **相关链接**

操作程序规范示例

客房计划卫生项目众多,为便于培训,饭店客房部应将相关操作程序印制成文,并配上相应图示,张贴在员工工作间,或印制成小册子,供员工学习。下面是某饭店客房部制作的图文并茂的操作程序规范。

1. 将浴室清洁剂喷在淋浴房或浴缸墙面,注意喷洒均匀。

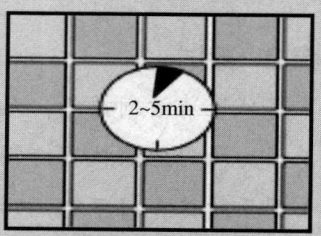

2. 等待2~5 min,注意不可等泡沫干后再擦。

3. 擦洗清洁表面。

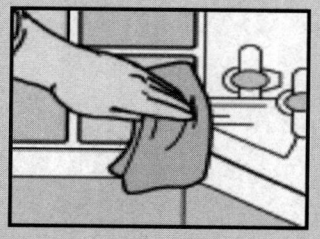

4. 清洁水龙头及管道组合件和浴帘。

职业模块 1　　客房清扫整理

5. 自上而下地彻底冲水。

6. 用干布擦干擦净，无水渍、无污渍。

培训课程 2
楼层公共区域清洁保养

学习单元1　楼层公共区域清洁保养项目及要求

楼层公共区域主要包括楼层走廊（见图1-20）、客梯厅休息区（见图1-21）、楼层工作间、安全楼梯、消毒间等区域。

图1-20　楼层走廊

图1-21　客梯厅休息区

一、楼层走廊清洁保养项目及要求

楼层走廊为客用区域，平时需注意做好各项清洁保养工作。楼层走廊清洁保养项目较多，具体项目及要求见表1-8。

表1-8　楼层走廊清洁保养项目及要求

序号	项目	清洁保养要求
1	地毯	完好、无破损，无杂物，无明显污渍
2	硬质地面	完好、无破裂，无污渍、无尘，光亮
3	硬质墙壁	完好、无裂痕，无挂灰，无污渍、无尘

续表

序号	项目	清洁保养要求
4	墙纸	完好、无脱落、无裂痕,无污渍、无尘
5	护墙板	完好、无破损,无霉渍,无污渍、无尘
6	天花板	无渗水,无裂痕、脱落现象,无尘,无挂灰
7	玻璃门窗	完好、无破损,开关自如,明亮、透明,无污渍、无尘
8	公共标志牌	醒目、明亮,完好、无破损,无污渍、无尘
9	照明灯具	照明良好,无破损,干净、无尘
10	各种艺术挂画和装饰品	完好,挂放端正,无变色,无污渍、无尘
11	装饰台	完好、无破损,有光泽,四壁无尘
12	空调出风口过滤网	完好、干净、无浮灰,无霉渍
13	垃圾筒	完好、清洁、清理及时
14	绿化植物	干净、无尘,无枯枝败叶,定期浇水、养护
15	消火栓、灭火器	完好、清洁,无浮灰
16	安全指示灯	完好,指示灯正常,光亮,无污渍、无尘
17	电梯门	光亮,无尘、无印迹

二、楼层工作间清洁保养项目及要求

通常,饭店客房每一个楼层都设有工作间,内设储物柜,用以存放楼层客房物品、清洁器具等(见图1-22和图1-23)。楼层工作间清洁保养项目及要求见表1-9。

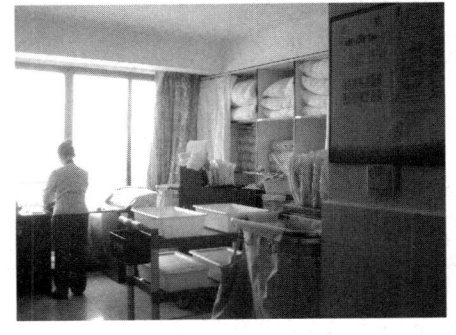

图1-22 楼层工作间

图1-23 工作间储物柜

表 1-9　楼层工作间清洁保养项目及要求

序号	项目	清洁保养要求
1	地面	干净，无污渍
2	门窗	完好，开关自如，无污渍、无尘
3	墙壁及天花板	无渗水，无裂痕、脱落现象，无尘，无挂灰
4	物品架	稳固，干净、无尘
5	储物柜	干净、整洁，无杂物，无异味
6	员工卫生间	清洁，无异味
7	工作车	完好、干净、整洁，摆放在规定位置
8	制冰机	内部无异味、无污渍，外部光亮、无污渍
9	工作台	完好、无破损，无污渍、无尘
10	水池及水龙头	完好、无破损，无污渍、无尘
11	清洁器具及用品	完好，无污渍、无尘，摆放整齐

三、楼层消毒间清洁保养项目及要求

通常，饭店客房每一个楼层都设有消毒间（见图 1-24 和图 1-25），主要用于客房杯具的消毒及存放。楼层消毒间清洁保养项目及要求见表 1-10。

图 1-24　楼层消毒间标志牌

图 1-25　楼层消毒间内景

表 1-10　楼层消毒间清洁保养项目及要求

序号	项目	清洁保养要求
1	地面	干净，无污渍
2	门窗	完好，开关自如，无污渍、无尘
3	工作台	完好、无破损，无污渍、无尘

续表

序号	项目	清洁保养要求
4	水池及水龙头	完好、无破损、无污渍、无尘
5	消毒柜	完好、无破损、无污渍、无尘
6	茶具柜	完好、无破损、无污渍、无尘
7	清洁用具	使用正常，摆放整齐，无污渍、无尘

四、楼层安全楼梯清洁保养项目及要求

楼层安全楼梯清洁保养项目及要求见表1-11。

表1-11 楼层安全楼梯清洁保养项目及要求

序号	项目	清洁保养要求
1	地面及台阶	干净、无污渍，防火通道畅通，不堆放杂物
2	楼梯护栏	扶手无破损、无脱漆，无霉渍，干净、无尘
3	消防器材设备	完好，干净、整洁
4	防火门	完好，开关自如，无污渍、无尘
5	安全指示灯	完好，指示灯正常，光亮，无污渍、无尘
6	墙壁及天花板	无渗水，无裂痕、脱落现象，无尘，无挂灰

学习单元2　楼层走廊的清洁保养

操作技能 1

楼层走廊日常保洁操作

一、操作准备

1. 工具准备：小刮板、夹子、吸尘器、干软抹布、半湿抹布、玻璃刮、美术橡皮。

2. 物料准备：玻璃清洁剂、地毯清洁剂、垃圾袋。

二、操作步骤

步骤1　收拾垃圾

（1）将楼道内和楼梯上的杂物装进垃圾袋。

（2）将立式垃圾筒内的垃圾袋取出，放至规定位置。

步骤2　清洁玻璃窗及窗台

（1）往走廊内的玻璃窗上喷少许玻璃清洁剂，用玻璃刮擦拭玻璃窗，使其光亮、无尘。

（2）用半湿抹布将窗台擦拭干净。

步骤3　清洁走廊装饰物及灯具

（1）用干软抹布擦拭走廊装饰画及其他装饰物、灯具、指示牌、消火栓、灭火器等。

（2）检查灯具使用情况是否良好，如有损坏及时报修。

步骤4　清洁走廊护墙板、踢脚线

（1）用干软抹布擦拭走廊护墙板、踢脚线。

（2）墙纸如有污渍，应及时清除。墙纸表面的痕迹可用美术橡皮轻轻地擦去。

（3）发现墙纸有开胶、破损现象，及时报修。

步骤5　清洁客用电梯门

用干软抹布擦拭电梯门，确保电梯门光亮、无尘、无印迹。

步骤6　清洁立式垃圾筒

（1）用清洁篮中的夹子（见图1-26）夹除立式垃圾筒烟盘内的烟头及杂物，如图1-27所示。

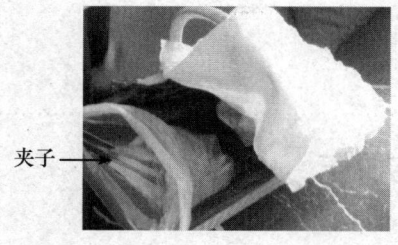

图1-26　清洁篮及夹子

图1-27　夹除烟盘内的烟头及杂物

（2）用小刮板将立式垃圾筒烟盘内的沙子刮平整。

（3）换上干净的垃圾袋。

（4）用半湿抹布擦拭立式垃圾筒，使其外表光亮、无污渍。

步骤7　清洁绿化植物

（1）捡拾绿化植物盆内的枯枝败叶及杂物。

（2）用半湿抹布擦去绿化植物叶子（大片叶）上的浮灰。

步骤8　走廊地毯吸尘

见本学习单元操作技能2。

步骤9　走廊地毯除渍

见本学习单元操作技能3。

三、注意事项

1. 清洁保养楼层走廊尽可能选择在客人进出楼层较少的时间段进行，尤其是楼层吸尘工作。

2. 定期浇水、养护。

 **相关链接**

美化的立式垃圾筒

为了美化饭店环境，给客人营造一个良好的居住环境，不少饭店对放在饭店大门外的立式垃圾筒做了美化工作。一是将立式垃圾筒烟盘内的沙子整理过后，用专用模子（有的刻有饭店店徽标志）在沙子上压出图案，以表示整理过，并起到美化作用，见下图。二是在立式垃圾筒烟盘内放上一朵鲜花或绢花，用来装扮立式垃圾筒，见下图。

立式垃圾筒烟盘压模

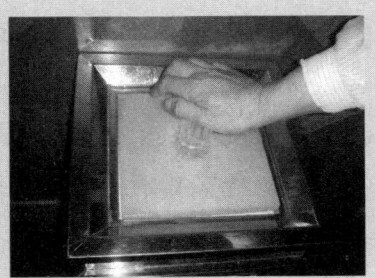
将模子压在烟盘上

压了店徽图案的烟盘

烟盘上的花朵

操作技能 2

走廊地毯吸尘操作

一、操作准备

1. 准备工作正常、状态良好的吸尘器。
2. 检查吸尘器吸管能否随意拆卸和互换使用。
3. 检查吸尘器集尘袋内的灰尘是否已倒空。
4. 检查电线、吸管等是否完好。
5. 准备半湿抹布或软毛刷,作为吸尘器的补充。

二、操作步骤

步骤1 吸尘

(1)接通电源。移动吸尘器时应使用轮子,不能用脚踢吸尘器,不能猛拉吸尘器,以防电线被拉断。

(2)正确操作吸尘器,从走廊的一端开始向后退行吸尘。

(3)在进行家具下面的地毯吸尘时,需要先搬开家具后再吸尘,注意不要碰坏墙边的踢脚板。

步骤2 边角的处理

(1)用吸尘器吸管头或扁平吸嘴吸地毯边角。

（2）吸尘器吸不到的地方用半湿抹布擦净或用软毛刷刷干净，如图1-28和图1-29所示。

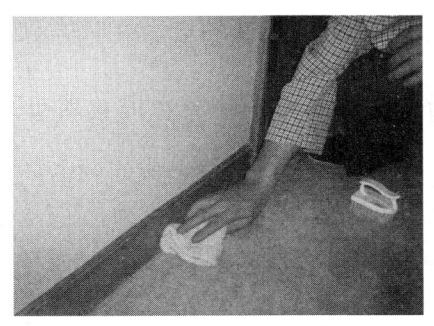

图1-28　用半湿抹布擦拭地毯边角

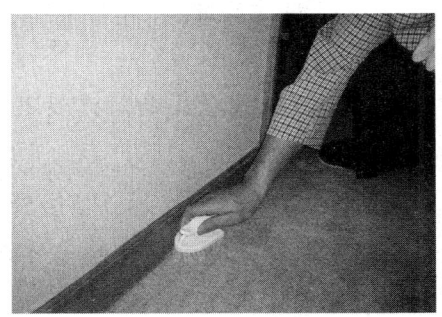

图1-29　用软毛刷刷地毯边角

步骤3　结束工作

（1）拔下吸尘器电源，缠好其电源线。

（2）倾倒吸尘器集尘袋中灰尘，擦拭吸尘器外表面。

（3）将吸尘器摆放在适当的位置。

三、注意事项

1. 在吸尘过程中，如果因电源线长度所限无法到达要吸尘的地方，则应将吸尘器转移至较近的电源插座处再进行吸尘，不能生拉硬拽。

2. 吸尘器应靠近房务工作车或墙边停放。

3. 注意避让客人，勿在客人进房和离房时或过早、过晚的时间吸尘，以免打扰客人。

操作技能3

走廊地毯除渍操作

一、操作准备

1. 检查地毯污渍面积，辨识污渍种类。

2. 选择合适的清洁剂，按比例稀释好。

3. 准备好抹布、海绵、小喷壶（分别装稀释的清洁剂和清水）、吸水机、盖布、软毛刷、清洁剂等工具、物料。

二、操作步骤

步骤1　清洁

（1）根据地毯上的污渍情况，将适量稀释的清洁剂均匀地喷洒在地毯表面，如图1-30所示。

（2）浸泡5~10 min，使污渍完全分解。

（3）用半湿抹布或海绵由外向里揉搓、擦拭（防止脏迹外溢），直至污渍清除为止，如图1-31所示。

（4）用干抹布吸去清洁剂残液。

图1-30　将清洁剂喷洒在地毯表面

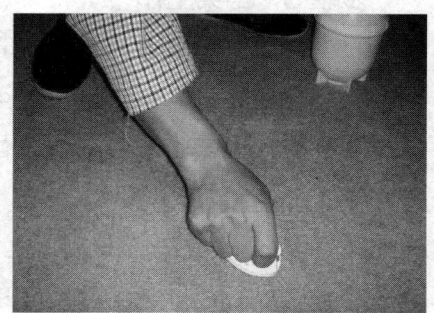
图1-31　擦拭地毯污渍

步骤2　过水

（1）用小喷壶向地毯喷清水，用抹布吸干，重复此程序，尽量将地毯上的清洁剂和水吸尽。若有面积较大的斑迹，可使用吸水机。

（2）吸干后铺上干净的盖布（干抹布或报废布草）。

步骤3　结束工作

（1）待地毯干透后，及时取走盖布，用软毛刷将地毯纤维梳理平整。

（2）清洁用过的工具、物料并妥善存放。

三、注意事项

1. 一般污渍最佳的去污时限以不超过24 h为宜，时间过久，污渍会渗透到地毯根部，留下无法清除的脏迹。

2. 在除渍前，如地毯上还存有液体，应先用干抹布将液体吸干，以降低清洗难度。

3. 使用清洁剂应由少到多，视情况逐步增加用量，不能一开始就大量使用。

4. 为避免污渍扩散，擦拭时应由外向里进行。

5. 正确识别地毯污渍，选择合适的清洁剂。

6. 确实难以去除且面积较小的污渍，可用刀片轻割地毯表层纤维，以视觉上不出现明显的凹坑为度。

7. 不同的污渍应用不同的方法清除，下面介绍几种地毯污渍的处理方法。

（1）血迹。一种方法是先用冷水浸泡，再用干抹布吸干，接着用海绵蘸清洁剂擦拭，吸干溶液，再用清水洗净。另一种方法是用1∶50的稀盐水擦拭后等2～3 min，用干抹布从血迹外围向中心擦，然后用海绵蘸上清水擦拭，再用另外一块干抹布吸干水分。

（2）口香糖。一种方法是将口香糖除渍剂（干冰剂）喷在口香糖上，待其硬化后，用硬物将其敲碎、铲除。另一种方法是用四氯乙烯（洗衣房用干洗剂）清洁，再用海绵蘸清水擦拭，最后用干抹布吸干水分。

（3）黄油。先将能够刮掉的黄油刮掉，然后用海绵蘸干洗剂擦拭，吸干溶液后过清水，再用干抹布吸干水分。

（4）呕吐物。立即刮去呕吐物，并将脏液吸干，然后用冷水洗净，再用1∶10的醋酸溶液刷洗（用苏打水刷洗效果更好），最后用海绵蘸清水擦拭，用干抹布吸干水分。

（5）唇油（指甲油）。用海绵蘸醋酸或专用清洁剂擦拭，吸干溶液，然后用清水擦洗干净，再用干抹布吸干水分。

（6）可乐（巧克力、牛奶）。用适量的白醋加入经稀释的洗洁精或全能清洁剂擦拭，吸干溶液，然后用清水擦洗干净，再用干抹布吸干水分。

（7）咖啡。用纸巾或干抹布吸干地毯上的咖啡液，然后用海绵蘸清洁剂擦拭，再用纸巾、抹布吸干溶液。如果咖啡渍已固化，可用带微量漂白剂的专用清洁剂去除，然后用海绵蘸清水擦拭，再吸干水分。

（8）果汁。用稀释了的苏打水或白醋清洁，然后用干抹布吸干溶液，冷水过清，再用干抹布吸干水分。

（9）茶水。用海绵蘸酸性清洁剂（或白醋）擦拭，用干抹布吸干溶液，冷水过清，再用干抹布吸干水分。

（10）墨水。用冷水冲洗，直至墨水渍变淡，然后用稀释了的草酸溶液浸湿污渍，过2～3 min后，再用稀释了的高锰酸钾溶液浸2～3 min，冷水过清，用干抹布吸干水分。

（11）圆珠笔渍。用抹布蘸酒精在污渍上摩擦，并用清洁剂溶液擦拭，然后用干抹布吸干溶液，冷水过清，再用干抹布吸干水分。

（12）油腻食物（油脂）。彻底清除食物残渣，然后用干抹布吸干汁水，用海绵蘸干洗剂擦拭或用除油剂刷洗，用干抹布吸干溶液，冷水过清，再用干抹布吸干水分。

（13）鞋油。用干洗剂擦拭，然后用干抹布吸干。如色斑难以清除，可用少量漂白剂擦拭，冷水过清，再用干抹布吸干水分。

（14）地毯烧焦痕迹。将地毯中簇绒烧焦的一端剪去，然后用海绵蘸清洁剂擦拭。对毯绒很短的地毯，可用砂纸擦拭，消除烧焦处的痕迹。

（15）蜡迹。在地毯上盖上盖布，用蒸汽熨斗熨烫，使蜡熔化后吸到盖布上，然后用海绵蘸干洗剂擦拭，用干抹布吸干，冷水过清，再用干抹布吸干水分。

学习单元3　楼层工作间的清洁

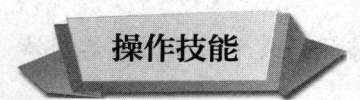

楼层工作间清洁操作

一、操作准备

1. 工具准备：拖把、榨水车（配套挤水器、地拖桶、地拖车）、干软抹布、半湿抹布、清水。

2. 物料准备：清洁剂、垃圾袋、漂白粉。

二、操作步骤

步骤1　清除垃圾

（1）清除楼层工作间的垃圾杂物。

（2）清洁垃圾桶，换上干净的垃圾袋，如图1-32所示。

步骤 2　擦拭门窗、工作台

（1）擦拭工作间的门窗玻璃。

（2）擦拭工作台，如图 1-33 所示。

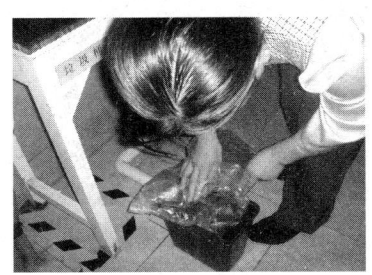

图 1-32　清洁垃圾桶

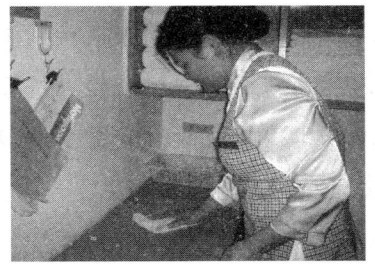

图 1-33　擦拭工作台

步骤 3　整理并擦拭物品架、储物柜

（1）整理物品架、储物柜，如图 1-34 所示。

（2）擦拭物品架、储物柜表面浮灰。

（3）定期（通常为 1 个月）清洁物品架、储物柜内部。

步骤 4　整理房务工作车

（1）用半湿抹布将房务工作车从上到下、从里到外擦拭干净。

（2）检查房务工作车有无损坏，若有损坏及时报修。

（3）按规定配备房务工作车上的物品。

（4）整理清洁篮，如图 1-35 所示。

图 1-34　整理储物柜

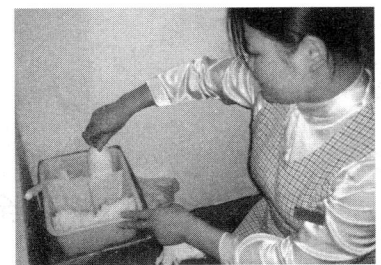

图 1-35　整理清洁篮

步骤 5　清洁员工卫生间

（1）清洁洗脸盆及台面。

（2）清除垃圾桶内的垃圾，换上新的垃圾袋。

（3）清洁坐便器，可使用清洁剂。

步骤6　清洁地面

（1）在地拖桶内用清水将拖把浸湿，用榨水车挤干水分后，从里到外拖擦地面。

（2）如果地面特别脏或特别滑，可在清水中加入漂白粉，将拖把浸湿并挤干水分后再拖擦，或手工擦拭地面，如图1-36所示。

图1-36　手工擦拭地面

步骤7　结束工作

（1）收齐清洁工具用品，将抹布送洗衣房清洗。

（2）将榨水车、拖把等工具用品清洁干净，妥善存放在工作间内。注意要用榨水车将拖把拧干晾挂。

三、注意事项

1. 楼层工作间物品较多，需要经常整理，保持洁净。
2. 工作间平时需上锁，防止闲杂人员进入。

学习单元4　安全楼梯的清洁

安全楼梯清洁操作

一、操作准备

1. 工具准备：拖把、榨水车、扫帚、干软抹布、半湿抹布、软毛刷、告示牌。
2. 物料准备：清水、漂白粉。
3. 在待清洁区域摆放告示牌。

二、操作步骤

步骤1　清洁楼梯地面

（1）用扫帚将楼梯从上到下清扫干净。

（2）楼梯死角需用软毛刷清扫。

步骤2　清洁安全指示灯及消防器材设备

（1）用干软抹布擦拭安全指示灯。

（2）如发现灯具损坏应及时报修。

（3）用半湿抹布擦拭消防器材设备表面。

步骤3　擦拭防火门

（1）用半湿抹布擦拭防火门。

（2）注意检查防火门是否开合自如，若发现问题应及时报告。

步骤4　擦拭楼梯扶手及踢脚线

（1）用半湿抹布从上到下擦拭楼梯扶手及护栏。

（2）用干软抹布将楼梯踢脚线擦拭干净。

步骤5　拖地

（1）用清水将拖把浸湿，用榨水车挤干水分，从上到下一级一级地拖擦楼梯。

（2）注意左右来回拖擦地面2~3遍，边拖擦边后退。

（3）如果地面特别脏或特别滑，可在清水中加入漂白粉，将拖把浸湿并挤干水分后再拖擦。

步骤6　结束工作

（1）收齐清洁工具、物料并放回工作间，将抹布送洗衣房清洗。

（2）将榨水车、拖把等工具清洁干净，妥善存放在工作间内。注意要用榨水车将拖把拧干晾挂。

三、注意事项

1. 清洁工作开始前应摆放告示牌提醒客人。

2. 清洁安全楼梯需注意窗台上有无挂灰，若有应及时清除。

3. 拖地时应注意将拖把水分用榨水车挤干，不能使用太湿的拖把清洁安全楼梯。

4. 注意操作安全。

学习单元 5　楼层消毒间的清洁

操作技能

楼层消毒间清洁操作

一、操作准备

1. 工具准备：拖把、榨水车、干软抹布、半湿抹布。
2. 物料准备：消毒液、垃圾袋、清水、漂白粉。

二、操作步骤

步骤 1　收拾垃圾

（1）收拾楼层消毒间的垃圾杂物，并按要求分类。

（2）用专用抹布将垃圾桶里外擦拭干净，换上干净的垃圾袋。

步骤 2　擦拭门窗、工作台

（1）用半湿抹布擦拭消毒间的门窗、玻璃。

（2）用浸泡过消毒液的半湿抹布擦拭工作台，再用干净的干软抹布将工作台擦拭干净。

步骤 3　清洁水池及水龙头

（1）用浸泡过消毒液的半湿抹布擦洗水池，并用清水冲洗，如图 1-37 所示。

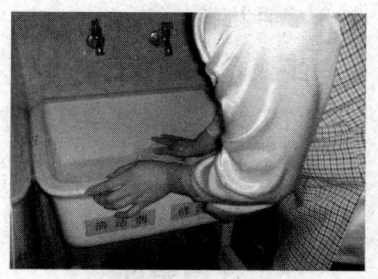
图 1-37　清洁水池

（2）用半湿抹布将水池及水龙头擦净，然后用干软抹布擦亮。

步骤 4　清洁消毒柜及茶具柜

（1）每天用半湿抹布擦拭消毒柜及茶具柜外部。

（2）用浸泡过消毒液的抹布定期清洁消毒柜及茶具柜内部，注意柜子内部边角处的清洁。

步骤 5　清洁地面

（1）用清水将拖把浸湿，用榨水车挤干水分后拖擦消毒间。

（2）必要时可在清水中加入漂白粉，将拖把浸湿并挤干水分后拖擦。

步骤 6　结束工作

（1）收齐清洁工具、物料并放回工作间，将抹布送洗衣房清洗。

（2）将榨水车、拖把等工具清洁干净，妥善存放在工作间内。注意要用榨水车将拖把拧干晾挂。

三、注意事项

1. 消毒间平时需保持洁净。

2. 已消毒的杯具需妥善存放在茶具柜内，如图 1-38 所示。

3. 使用消毒剂时需注意做好防护，如戴上防护手套。

图 1-38　整理已消毒的杯具

职业模块 ② 客房对客服务

培训课程1　代办服务

　　学习单元1　代办服务项目及流程

　　学习单元2　为客人代办修理物品服务

　　学习单元3　为客人递送转交物品服务

培训课程2　针对性服务

　　学习单元1　针对性服务的内涵和要求

　　学习单元2　贵宾服务

　　学习单元3　商务客人服务

　　学习单元4　长住客服务

　　学习单元5　常客服务

　　学习单元6　亲子家庭客人服务

　　学习单元7　网络订房（OTA）客人服务

　　学习单元8　老年客人服务

　　学习单元9　会议客人服务

　　学习单元10　旅游团队客人服务

　　学习单元11　提供客人需求信息

培训课程3　会议布置与服务
　　学习单元1　会议室的布置
　　学习单元2　会议服务
　　学习单元3　会议设备使用常识

培训课程4　特殊情况的处理
　　学习单元1　"请勿打扰"房的处理
　　学习单元2　客人报失事件的处理
　　学习单元3　客人要求开门的处理
　　学习单元4　客人携带违禁品的处理
　　学习单元5　客房争吵、打架情况的处理
　　学习单元6　报警处理

培训课程 1 代办服务

学习单元1 代办服务项目及流程

一、代办服务的项目

客房服务员在做好日常服务的同时，在力所能及的前提下，应尽量帮助客人并完成客人提交的各项委托代办业务。代办服务项目主要有委托购物、修理物品、递送转交物品和预订交通票等。

饭店为客人提供代办服务时，要制定专门的委托代办登记制度和收费制度。一般饭店内的正常服务项目和在饭店内能代办的项目，如递送转交物品服务，不收取服务费；而在饭店内无法代办或超出饭店正常服务范围的项目，如委托购物、预订交通票、客人物品送外修理等，通常会收取一定的服务费。

二、代办服务的一般流程

1. 满足客人要求

对于客人提出的一些特殊要求，只要是合理、合法的，在可能的条件下，客房服务员都要尽量给予满足。具体程序如下。

（1）表示出乐意帮助的态度。

（2）记录客人的姓名和房号。

（3）记录客人的要求。

（4）重复客人的问题，明确客人的需求。

（5）如客人提出的要求涉及其他部门，也应尽力给客人提供方便，不能推诿。

2. 解决客人问题

（1）告知客人解决其问题的方法和大约所需的时间。

（2）尽可能告知客人事情进展的情况。

（3）如果代办服务发生费用，一定要事先告知客人。

（4）如不能满足客人的需求，需向客人说明。

3. 做好善后工作

（1）客人需求解决后，要询问客人是否满意。

（2）检查分析有无需要改进之处。

（3）做好记录，以便查询。

典型案例

代客购买萝卜干

一、情景描述

某大饭店，一天晚上22：30，客房中心电话铃声响起，当班客房服务员小玲拿起电话："您好，客房中心。"

"我是518房间的客人，明天就要离开饭店了，我想带点你们这里的土特产回去，可我对这里不太熟悉，不知你是否能帮我出个主意。"

小玲以前也遇到过类似的情况，所以她很热心地向客人介绍："先生，您好。我们这里的土特产其实不少，但大多是时令产品，现在是冬天，我建议您带些萝卜干回去尝尝，这可是我们这里的特产啊！"

"是吗？"客人犹豫了一会儿又说："可我对附近的商店不是很熟，明天就要退房了，你能不能帮我一个忙？"

"先生，您的意思是让我替您买一些送到房间里？"

"对对对，就是太麻烦你了！"

"没关系，先生，您需要多少？"

"就要5斤吧。真是太谢谢你了！"

"不客气，那您明天大概什么时候离店？"

"明天我大约早上7点钟退房，有问题吗？"

客人给小玲出了个难题，小玲心想：现在已是深夜，商店都已经结束营业了，明天客人这么早退房商店又不开门,到哪里去买呢?小玲想回绝客人,可想到客人会很失望,就应承下来:"先生,请您放心,这件事我一定帮您办好。"

"谢谢,明天见。"

"明天见!"

放下电话,小玲就开始想明天到哪里去买萝卜干。小玲突然想到:农贸市场开门早,那里肯定有卖萝卜干的。当天晚上,小玲下班回到宿舍,将闹钟定到早上5:00。第二天一大早,天还没亮,小玲就赶到农贸市场,买回了客人需要的5斤萝卜干,并让楼层服务员送到了客人的房间。当客人了解到事情的经过时,十分感激。

二、案例分析

想客人所想,急客人所急,当客人提出特殊要求时,客房服务员应尽量满足客人的需求。从代客购买萝卜干这件事可以看出,服务工作看似简单,其实真正做好却并不容易,它需要客房服务员有一颗热诚的心,用心去服务,将客人的满意当作饭店服务所追求的目标。

学习单元2 为客人代办修理物品服务

操作技能

为客人代办修理物品服务操作

一、操作准备

准备好"委托代办登记单"(见表2-1)和笔。

二、操作步骤

步骤1 问清客人的要求

(1)以积极主动的态度表示乐意帮助客人。

(2)仔细问清客人的要求和物品送还的时间。

表 2-1 委托代办登记单

委托人姓名		房号		日期	
委托事项					
备注					
委托人联系电话		经手人签名		接收部门（人）签名	

步骤 2　填写登记单

（1）请客人填写"委托代办登记单"中的相关内容（见表 2-1）。

（2）记录物品的型号、特征及所需修理的项目。

步骤 3　与相关部门取得联系

（1）联系相关部门。

（2）如需送出店外维修，所发生的费用必须事先告知客人，并征求客人意见。

（3）请接收部门（人）在"委托代办登记单"上签字。

步骤 4　送还物品

（1）物品修好后，应及时送还给客人，并请客人查收。

（2）告知客人修理物品所发生的费用，并请客人在"杂费收费凭单"（见表 2-2）上签字。

表 2-2 杂费收费凭单

客人姓名		房号	
收费事项			
备注			
金额		客人签名	
部门		经手人签名	

三、注意事项

代修物品包括客人生活方面的物品，如皮箱、皮鞋、衣服、手表、照相机等。客房服务员在为客人提供代修物品服务时应认真办理相关手续，同时需注意以下事项。

1. 查清物品损坏程度。
2. 记录客人需送回物品的时间。
3. 记清物品的型号、特征及所需修理的项目。
4. 物品修好后，应认真核查验收并及时交还给客人。

帮客人修手提箱

一、情景描述

住在某饭店行政楼层的客人张先生在收拾行李时发现他的手提箱钥匙找不到了，无法打开手提箱，而他当天下午就要离开饭店去别的城市，飞机票、身份证、信用卡全放在手提箱内，拿不出这些东西，他连飞机都上不了。张先生急忙联系饭店客房部，希望饭店帮助他将手提箱打开，并说只要能把东西取出来，即便把手提箱砸坏也没关系。

客房部请来了工程部的高师傅。楼层主管王领班和高师傅进房查看客人的手提箱后，商讨如何在尽量不损坏手提箱的情况下将其打开。因为客人还有很多事情要办，如果把箱子损坏了，客人再出去买箱子，时间就会很紧张。

王领班和高师傅在张先生在场的情况下，用了近一个小时的时间，终于打开了手提箱，而手提箱丝毫没有被损坏。张先生非常高兴，当即拿出了几百元钱表示感谢，王领班和高师傅婉言谢绝了。张先生说："你们饭店非常好，员工也非常好，我会把你们的热情友好、尽心尽力帮助客人的事告诉我的家人和朋友。我还会告诉他们，如果他们来这里，一定要住在你们的饭店。"

过了一段时间，饭店收到了一封信。信是张先生寄来的，他在信中表达了对这家饭店的怀念之情，以及对饭店的祝福。

二、案例分析

1. 想客人所想，急客人所急，是饭店优质服务的魅力所在。本案例中，当客人遇到难题时，饭店服务人员不仅十分耐心地为客人打开了手提箱，而且没有损坏客人的手提箱。

2. 此外，王领班和高师傅两人在客人本人在场的情况下打开手提箱也是十分必要的，在为客人提供悉心服务的同时，需注意自我保护，以防意外情况的出现。

学习单元3　为客人递送转交物品服务

操作技能

为客人提供递送转交物品服务可以分为两类：一类是主动的，即客人主动要求递送转交的，如客人需要转交邮件、鲜花等物品；另一类是被动的，即客人没有要求而饭店主动提供的，如饭店将客人退房时遗留在客房的物品寄回给客人。下面介绍第一类客人主动要求递送转交物品的服务操作程序。

为客人递送转交物品服务操作

一、操作准备

准备好"物品转交登记表"（见表2-3）和笔。

表2-3　物品转交登记表

FILE NO.
编　　号：_____

DATE/TIME
日期／时间：_____

ARTICLE
物　　品：_____

FROM
转 交 人：_____　　　TEL 联系电话：_____

TO
领 取 人：_____　　　TEL 联系电话：_____

SIGNATURE
经手人签名：_____

DESCRIPTION OF ARTICLE
转交物品：_____
NUMBER
数　　量：_____
REMARKS
备　　注：_____

PROPERTY RECEIPT
收　条

FILE NO.
编　　号：_____

DATE/TIME
日期/时间：_____

SIGNATURE
领取人签名：_____

HOME ADDRESS
地址：_____

REMARKS
备注：_____

ID/PASSPORT NO.
身份证/护照号码：_____

SIGNATURE
经手人签名：_____

二、操作步骤

步骤1　询问

（1）询问客人该物品是否为贵重物品（包括照相机、笔记本电脑、名贵瓷器、酒及其他客人认为贵重的物品）。

（2）若为贵重物品，则应告知客人该物品已超出饭店递送转交物品服务范围。

步骤2　登记

在"物品转交登记表"上登记，登记内容通常包括以下内容。

（1）日期及时间。

（2）客人姓名及房号。

（3）被转交物品描述，如××（品牌、型号）皮包。

（4）被转交物品件数。

（5）领取人姓名、联系方式。联系方式通常为电话，若同样是住客，需记下房号。

（6）经手人签名。

步骤3　存放

（1）收下被转交物品并装进饭店购物袋（需封口）。

（2）将该物品放在客房中心指定位置，并将"物品转交登记表"上的编号清晰地写在饭店购物袋上。

步骤4 领取

请领取人出示相应的证件并在"物品转交登记表"收条上签名。

三、注意事项

客房服务员在递送转交物品时，需注意以下事项。

1. 问清客人递送转交物品的对象和时间要求。

2. 注意不得延误。

3. 对于重要物品必须履行签收手续。

4. 服务完成后，需及时告知客人。

5. 如果是鲜花、食品等，必须在4 h之内送到收件人手中。此类代办服务一般由礼宾部员工负责。客房部接到客人递送转交物品服务要求后，应与礼宾部取得联系。

另一类递送转交物品服务是被动的，即客人没有要求而饭店主动提供的，下面以一个案例来说明。

典型案例

帮客人寄帽子

一、情景描述

一个日本旅游团入住北京某饭店。这天早晨，旅游团结束了在北京的行程，准备前往西安游览。

一般外国客人来中国旅游都会购买一些纪念品。由于纪念品一般带有包装，不便携带，因此不少客人在收拾行李时会把纪念品的包装盒、包装袋扔掉。客人离店后，客房内往往会留有客人遗弃的包装盒、包装纸、塑料袋等杂物。

日本旅游团客人退房后，客房服务员小倩清扫这个旅游团包住的603客房时，在杂乱的垃圾中发现了一项精致的竹编帽子。小倩想，这项做工精美的帽子会是客人扔掉的吗？于是，她将竹编帽子交到了客房中心登记保存。

当天晚上，客房中心值班员接到了日本客人从西安打来的长途电话，询问饭店客房服务员有没有看到竹编帽子。客人听到客房服务员在垃圾中发现了竹编帽子并为其保存的消息后非常高兴。值班员从客人的语气中感受到了客人对这顶竹编帽子的喜爱之情，于是表示可以帮助客人寄回帽子。客人非常高兴，连声道谢，请饭店帮忙寄回日本。值班员问清了客人在日本的邮寄地址。第二天，饭店安排员工将竹编帽子寄往日本。

一个月后，饭店收到了那位日本客人从日本寄来的为他垫付的邮费和一封感谢信。

二、案例分析

按照常理，住在饭店的客人离开饭店后，饭店的对客服务也就结束了。但是在本案例中，客房服务员将对客服务延伸到客人离开饭店以后。

竹编帽子是客房服务员小倩在客人退房后清扫客房时从废弃物中发现的。客人已经退房并离开饭店，一顶竹编帽子不算贵重，即便是随垃圾一起扔掉了，客人也不会怪罪。可是小倩结合自己的工作经验经过认真分析后，将帽子上交、记录、保存，而客房中心值班员也是想客人所想，急客人所急，为客人寄回了帽子。

旅游团的客人在日本收到了饭店为其邮寄的竹编帽子后，寄回了为其垫付的邮费。其实邮费已远远高于购买帽子的费用，而客人寄来的感谢信也说明这顶帽子在客人心中的价值已远远超出了一般旅游纪念品的分量。

培训课程 2 针对性服务

学习单元1 针对性服务的内涵和要求

一、针对性服务的内涵

不同的客人有不同的生活习惯、文化背景、宗教信仰和爱好禁忌，所谓针对性服务，就是根据不同客人的需求和特点提供相应的服务。针对性服务要强调灵活性，就是在服务过程中随机应变、投其所好，满足不同客人随时变化的个性需求。针对性服务为客人提供具有个人特点的差异性服务，能让接受服务的客人有一种被尊重感、满足感，从而使客人对饭店留下深刻的印象，并成为回头客。

二、针对性服务的要求

1. 强烈的服务意识

不同的客人有不同的需求，提供针对性服务要求客房服务员有强烈的服务意识，真正树立"客人就是上帝"的理念，在日常工作中做到细心观察、用心工作、想客人所想、换位思考。例如，住客房有朋友到访时，客房服务员应主动多加几套茶具供客人使用，同时还应征求客人意见，询问是否需要订餐等服务。又如，客人询问到某景点应该怎么走，客房服务员除了告诉客人路线外，还可以介绍一下沿途的景点、景区和返回饭店的最佳路线；如果是外国客人，客房服务员还可以为客人准备一些铅笔、纸张，供客人沿途问路时使用。

2. 提高业务能力

作为一个发展很快的行业，饭店业提供的服务始终以不同客人、不同时期的不同需要为中心，这就要求客房服务员要快速更新和掌握相关的业务知识，如当地的气候、旅游动态、商务动态、航班信息等。同时,对于不同时期客人的需要、各地的风俗习惯等相关知识,客房服务员也应该有所掌握。只有这样,才能在提供服务的过程中做到有的放矢。

3. 在最短时间内减少与客人的陌生感

饭店客人因身处异乡而会感到陌生和不便。所以,在客人入住后,客房服务员应尽快熟悉客人的基本情况、生活习惯和特殊要求,尽快拉近与客人的距离,在为客人服务时可以及时、有针对性地满足客人的需求,为客人营造一种"家外之家"的氛围。

4. 持续提供服务

不论是长住客,还是回头客,或者是第一次住店的新客人,对客人所提供的针对性服务都应具有持续性。即客人上次或前一天所享受的最满意服务是怎样的,这次为其服务时还应该是怎样的,小到一杯咖啡放几块方糖,大到入住房间的摆设、楼层、房号都应该以前一次客人入住时最满意的服务为基准。这样就可以提高客人对饭店的满意度,吸引更多的回头客。

5. 建立客史档案

建立客史档案是有效而直接地提供个性化服务、争取回头客的重要途径之一。客史档案资料可以通过多种途径进行收集,资料内容包括预订房间、住宿登记表、账单、投诉处理记录、客人拜访记录、客人意见书,以及平时在服务过程中收集的一些其他资料等。此外,客史档案的建立有赖于饭店各部门服务人员的共同努力、互相支持和配合。

典型案例

为客人准备"超大床"

一、情景描述

一天,客房部接到销售部的通知,说两天后将有一位特殊客人入住饭店,需提前做好准备。

客房部通过客人预订通知单得知,将要入住的这位客人的身高达 2.3 m,需要为这位将要到来的"巨人"准备好睡觉的床。

哪里有这么大的床呢?另外,这么大的床应放在哪里呢?客房部经理、领班和几名客房服务员一起商量，终于想出了办法。他们选了一间面积较大的客房，将卧室内的沙发抬了出去，然后放上一张长2 m、宽2 m的大床，再将一张长2 m、宽1 m的单人床横着与大床的床尾相接，这样就拼成了一张长3 m、宽2 m的"超大床"。

床有了，可是还没有与"超大床"相配套的卧具。一位领班出了个主意，请布草房将两条大号床单连接在一起，做成一条特大号的床单，被子则是用两床被子拼接而成的。

这位"巨人"在这家饭店享用了三天"超大床"，离开饭店前，他在客房的"客人意见书"上写下了这样的留言："我是一名职员，我的智力不比别人差，能力也不比别人差。可是我不敢像其他人一样出差或旅游，因为我的身材特殊，没有一家饭店能有合适的床供我睡觉休息。而有时由于工作原因，又不得不出差。入住饭店时，经常在客房的地毯上打地铺。常常由于休息不好，第二天无法正常工作。贵饭店为我特制的床实在是太舒服了，这是我除了在自己家之外，睡得最舒服的三天。这三天，对于一般人也许不算什么，但是在贵饭店入住的三天，是令我难忘的三天。"

二、案例分析

这是一个典型的针对性服务案例。针对客人的特殊身材，如何才能使客人睡得舒服，客房部的员工开动脑筋，站在客人的角度去想，不怕麻烦，不辞辛苦，特制了一张"超大床"及床上用品。

由于特殊的身高，客人在生活上会有很多不方便的地方，以至于这位客人不愿意出差和外出旅游。但是，这位特殊的客人在这家饭店并没有感到不方便，而是度过了"除了在自己家之外，睡得最舒服的三天"。不仅客人的身体得到了很好的休息，而且更重要的是客人的心理得到了很大的满足，饭店给客人留下了一段难忘的记忆。

 **相关链接**

儿童的针对性服务

饭店服务中有许多特殊的客人，儿童就是其中的一类。饭店需要为儿童提供针对性服务，赢得了孩子就是赢得了整个家庭。儿童针对性服务的做法主要包括以下几个方面。

1. 请客人在入住前提供儿童的名字和年龄，以方便饭店做好如下准备。

（1）为"小客人"安排欢迎活动。

（2）提供儿童浴衣。

（3）提供免费的婴儿用品，包括枕头、毯子、一次性纸尿裤及洗漱用品等。

（4）提供免费的睡前牛奶和饼干。

（5）在餐厅和房间餐饮服务中提供儿童菜单。

2. 在条件允许的情况下，如有需要可提供如下服务。

（1）提供免费的婴儿床或滑轮拖床。

（2）提供免费的婴儿浴盆和儿童就餐椅。

（3）提供免费的抽湿机、消毒器、奶瓶及奶瓶保温器。

（4）提供有关保护儿童安全的各项房间装置。

（5）提供儿童 DVD。

3. 从安全角度考虑，为避免客房内发生事故，可以采取下列措施。

（1）在有儿童的房间门上悬挂专门标志。

（2）在客房家具拐角处添加软包，在门把手上加罩，把玻璃杯、烟灰缸、垃圾袋等有不安全因素的物品收起来，同时用醒目的标志告知家长，如有需要从何处取出这些物品。另外，确保客房内没有能够伤及儿童头部或身体的尖锐物体或突出物。

（3）仔细观察房间四周，彻底消除潜在的安全隐患。

（4）饭店提供的婴儿床应确保牢固安全。对于身高 1 m 以上的儿童，饭店应建议加床，不要和父母同床，以免发生跌落事故。

（5）告知儿童的父母，儿童使用卫生间时要有家长陪同，避免烫伤、跌倒。

（6）在房内使用电源插座专用保护插头，避免触电。

（7）监控室要时刻关注电梯和楼层的情况，一旦发现儿童独自乘坐电梯或独自在楼层走廊玩耍，要及时通知客房中心和大堂副理，以免发生意外。

学习单元 2　贵宾服务

一、贵宾的概念

贵宾，意为非常重要的客人，又称 VIP，是英语 very important person 的简称。通常，属于 VIP 范围的有：对饭店业务发展有极大帮助或可能给饭店带来业务者，知名度高的外交家、艺术家、政界和经济界要人、社会名流，同系统的机构负责人或高级职员，饭店业同行单位的负责人或高级职员等。贵宾的身份特殊，因此饭店需给予特殊关照。

二、贵宾的特点

1. 贵宾的身份及知名度较高，店外的社会活动多，店内的会客活动也多。
2. 贵宾的活动安排有序，注重礼仪。
3. 贵宾一般喜欢舒适安静的环境。
4. 贵宾经常会提出一些即时需要，要求饭店尽快做出反应。
5. 特别重要的贵宾对安全与保密工作要求很高。

三、贵宾服务工作的主要内容

接到贵宾入住接待通知后，客房部应编制相关的客房服务方案，做好针对性服务。

1. 入住之前

（1）接到贵宾预订信息后，客房部应做好充分的准备工作，给前台提供最佳状态的房间用于安排。

（2）根据不同的客人布置房间物品。如是娱乐明星，则在房间内多放一些纸巾、棉球；如是文化名人，则在房间内摆放多份报纸、杂志或其代表作等。

（3）接到贵宾入住通知后，客房部应立刻准备高级别的时令水果盘，精致、豪华的艺术插花，撰写专门欢迎贵宾光临的欢迎函。

（4）安排服务技能娴熟的客房服务员提供对客服务。客房服务员应熟悉和掌握客人的各种生活习惯、喜好和禁忌。

（5）了解客人的行程安排，对贵宾从入住到退房的全程安排做到心中有数。

（6）对级别较高的贵宾根据需要安排 24 h 专人服务。

2. 入住之时

（1）由客房部经理和专职服务人员在客房走廊迎候客人，准备级别较高的迎宾茶服务。有时贵宾随行人员较多，方巾、茶水的数量需准备充分。

（2）客人进房后，客房服务员应准确称呼贵宾的姓氏和职务，并送上独具地方特色的迎宾茶。

3. 住店期间

（1）保持客房周围环境的安静，严禁任何外界噪声的干扰。

（2）不得随便打扰客人，清扫客房时不能移动客人的物品。

（3）客人离房一次，要对客房进行一次小整理，以保持客房始终处于良好状态。此类服务须在客人外出后立刻进行。

（4）为不同的客人提供针对性服务。对贵宾的针对性服务重点在于满足客人高层次的精神需求。如本地籍文化名人对乡土人情的怀念尤为突出，客房部应安排本地员工为其服务，让客人耳边萦绕着亲切的乡音。可在房间内摆放一些当地风情照片，让客人感受到浓郁的故乡之情。

（5）相关服务人员应具有为贵宾保密的意识，客人的个人资料、生活习惯等都不可泄露。

4. 客人离店

（1）接到贵宾退房的信息后，楼层服务员及负责接待的客房部主管、大堂副理、行李员应站立于楼层中厅恭候，为贵宾按好电梯，并与贵宾告别。

（2）待贵宾乘电梯离开后，客房部主管应立即检查客房，特别要注意贵宾房内是否有遗留物品，要求动作迅速、检查准确，并将查房结果报告总台。

5. 总结、填写贵宾客史档案

（1）贵宾的接待工作结束之后，客房部应组织相关部门人员开会，总结在接待贵宾服务工作中的优点及不足之处，表扬表现好的员工，并鼓励参与接待的人员发表个人看法、建议和感受。

（2）对本次贵宾接待工作进行记录、总结，建立客史档案，记录贵宾的姓名、国别、抵离店日期、房号、人数、习俗特点、宗教信仰、特殊要求、住店期间的投诉或表扬及建议。

贵宾房的准备

一、情景描述

行政楼层在设施、服务和卫生等方面代表着一家饭店的最高水平,所以行政楼层的领班一般都是客房部领班中业务水平最高、工作能力和工作责任心最强的。行政楼层的服务人员也都是从客房部的服务员中挑选出来的,具有较高的工作技能和服务知识。

某饭店9楼是客房行政楼层,主要接待一些重要的商务客人和身份较高的贵宾。按照工作程序,接到"VIP客人到店通知单"后,楼层领班首先要安排客房服务员对客人所订的房间再次进行彻底的清扫,对房间内的所有设备和用品进行检查,然后依次由领班检查、主管检查。最后,根据客人等级的不同,客房部经理要对准备的房间进行检查或抽查。

这天,行政楼层的领班小刘接到了一张"VIP客人到店通知单",将有一位重要客人入住行政楼层的905房间。小刘安排一名客房服务员按照通知单上的房号和要求准备房间。由于所安排的客房服务员业务熟练、工作责任心很强,平时的接待从没出现问题,她准备的房间小刘绝对放心。这天行政楼层住的客人比较多,下午还要参加培训,时间很紧,所以小刘就没有对准备好的房间进行检查。

当天下午开完会以后,饭店总经理在客房部经理的陪同下,来到9楼检查905房间的准备情况。房间的设备、用品都没有问题,但在检查床底的时候,发现有一只用过的一次性拖鞋没有清理出去。这种情况在其他客房都是不允许出现的,何况是行政楼层及其贵宾房间了。

因为清扫和准备贵宾房间不认真,客房服务员被扣罚了半个月的奖金。领班小刘没有按照工作程序对准备的房间进行检查,属于失职,受到严厉批评并被扣罚一个月的奖金。

二、案例分析

在为贵宾准备的房间床底下发现了一只用过的一次性拖鞋,出现这样的问题首先是行政楼层的客房服务员没有检查床底下造成的,而最终问题的出现,领班应负主要责任。

贵宾一般希望在饭店的每个服务环节上、每时每刻都能得到与其身份、地位相适应的尊重。一名员工、一个岗位、一个部门瞬间的疏忽都可能导致其他员工的努力付诸东流，所谓"100-1≤0"。因此，相关部门和相关岗位的衔接是做好贵宾接待工作的重要环节，任何一个环节出现疏漏，都会影响贵宾的接待质量。

学习单元3 商务客人服务

一、商务客人的概念

饭店的商务客人是指因商务活动或公务活动而入住目的地的饭店，享受饭店服务的客人。据调查，世界饭店业的业务中，55%的客人是商务旅游者，34%的客人是休闲旅游者。经济越发达的地区，商务客人所占的比例越大，他们能够给饭店带来巨大的经济效益。

二、商务客人的特点

1. 商务客人素质高，办事讲求效率，有较强的成本费用意识。
2. 大多数商务客人要在客房内办公。
3. 商务客人经常参加商务活动，比较注重自己的形象。
4. 商务客人一般兴趣广泛。
5. 商务客人居住时间一般较长，行李多、资料多。

三、商务客人服务工作的主要内容

商务客人是饭店经营中的重要客人，为商务客人提供客房服务时需要做到以下几点。

1. 入住之前

（1）在接到商务客人预订信息后，与总台联系，安排好客人喜好的房间。

（2）查询相关客史档案，了解该客人的个性化服务信息，提前对房间进行个性化布置。

（3）应充分考虑客房内设备设施对办公的需要。

（4）客房内可多摆放些文具用品、茶叶及茶具。

2. 入住之时

（1）对于较为熟悉的常客，在不打扰客人的前提下，由客人认识或熟悉的服务人员一同到场表示欢迎，让客人有宾至如归之感，进而向客人征询服务意见和要求。

（2）客人到达楼层时，客房服务员应以客人的姓氏称呼客人，欢迎客人的再次光临。

（3）迎客服务完成后应及时退出房间，以免影响客人休息。

3. 住店期间

（1）根据客人的作息时间对服务内容做出相应调整。例如，客人晚起晚睡，客房服务员就不能一大早安排清扫客人的房间。

（2）根据客房的实际情况，适时提供相应的细微服务。

（3）客房部管理人员应选择适当时机与客人交谈，了解客人的需求，加强与客人的交往与沟通。

（4）提供优质、快捷的洗衣服务。

（5）清扫房间时注意不能随便挪动客人的物品。

（6）提供优质的访客服务。

4. 客人离店

（1）在客人退房时，客房服务员应前往房间协助客人收拾行李，行李较多时需提前通知行李员，并适时询问客人的服务意见或需要饭店协助的事项。对客人交代的事项，客房服务员应认真听取并做必要记录，最后送客人至电梯间或楼梯间，欢迎客人再次光临，目送客人进电梯或下楼。

（2）将客人交代的事项上报部门，安排专人落实。如客人房间有遗留物品（如衣物、洗漱用品等），则应想方设法交还客人或送交部门妥善保存并做好记录。

典型案例

一个塑料杯

一、情景描述

有位德国女士是一位商务客人，而且还是一位"中国通"，经常光顾某四星级饭店。她每次到来都要住在饭店5楼的客房，因此，她和5楼的每一位客房服务员都很熟悉，而5楼的客房服务员对她的生活习惯、性格特点也很了解。客房服务员热情、快捷和有针对性的服务使她感到亲切、方便。

只要这位女士一入住，客房服务员就会马上为她送上一瓶开水，而且不用客人说，客房服务员就会根据客人的习惯将客房内的2个咖啡杯撤掉，换成4个盖杯，同时还要加上几包茶叶，以供来访的客人使用。这位女士自己从来不使用饭店的杯子，而是使用自己随身携带的一个小塑料杯。

有一次，这位女士退房离开饭店后，客房服务员在检查房间时发现了这个小塑料杯。是客人不要了？还是忘记带走了？客房服务员想：客人每次来饭店用的都是这个杯子，可能是忘记带了，先保存起来再说。因为客房服务员都知道，这位客人过不了多长时间还会回来的，而且肯定还是住5楼。如果确实是客人不要了，到时再处理也不迟。

大约过了一个月，这位女士再次住到了5楼。当客房服务员像每次一样送去开水和茶叶时，带上了那个小塑料杯。客人见到客房服务员送过来的小塑料杯非常吃惊地说："我上次由于走得仓促，离开之后发觉杯子忘带了，可是我以为你们会把杯子扔掉，也就没打算再要。其实这只是个普通的小杯子，花几块钱就能买到，没想到这么长时间了，你们还替我保存着，你们真是细心。"

二、案例分析

一个小塑料杯本不值几块钱，如果客房服务员检查房间时没有发现，或者认为没用扔掉了，都属于正常的事情，因为在进行日常的走客房检查时经常会有客人扔弃不要的东西。但是，客房服务员却把这个不起眼的小塑料杯保存起来，并在客人再次入住时还给了客人，使客人有些吃惊，连客人也没有想到客房服务员会如此细心。

这个针对性服务案例来自客房服务员平时细致的观察和服务。在每次为客人送开水和茶叶、换盖杯时，不用等客人开口，客人想的客房服务员已经做到了，所以客人觉得住在这里各方面都很方便，这也是客人每次都要住在这家饭店的原因之一。

客房服务员在服务过程中应关注客人的每一个细节，这正是针对性服务的关键所在。

学习单元4 长住客服务

一、长住客的概念

一般来说,连续在饭店居住超过1个月的客人称为长住客。长住客大多为一些国内和国外的公司客户,他们有的在饭店包租客房居住,有的包租客房作为办事机构。

二、长住客的特点

1. 长住客生活起居有一定的规律性,他们一般希望住在饭店期间一切都能舒适方便。

2. 长住客一般希望客房内提供更多的自助服务,如传真机、计算机、复印机、微波炉、咖啡机、电磁炉等。

三、长住客服务工作的主要内容

饭店的长住客房收入是饭店客房收入的重要组成部分,而长住客房租用量的增加与高质量的客房服务密不可分。

长住客服务有别于普通客房服务,更需强调针对性服务,要求客房服务员花费更多的时间和精力让长住客真正感受到饭店"家外之家"的温馨。

1. 入住之前

(1)客房部接到长住房预订通知后,迅速将信息反馈到部门相关服务岗位。

(2)客房相关人员主动联系营销人员,了解客人的第一手信息,如客人类别、住店时间、住店原因及有无住店禁忌等,信息要尽可能详细。

(3)根据客人特点对房间进行针对性布置,如在房间增加衣架、衣柜、书柜等物品。

(4)可给客人准备专用的客房布草,如床单、枕套、被套、毛巾等。

(5)检查房间各类设备,包括电器、用品等是否完好齐全。

2. 入住之时

(1)客房服务员在客人入住当天,客人到达之前应将精美的艺术插花及客人喜好的时令水果送入房间内。

（2）客人到达时，客房服务员应在房门口迎接客人，送上欢迎客人的方巾、茶水（外宾可改送冰方巾、咖啡），主动向客人介绍房间设施，并在沟通过程中适时了解客人的服务要求。

（3）介绍饭店相关情况，可带领客人熟悉饭店环境，主动为初到本地的客人介绍当地的风土人情等。

3. 住店期间

（1）了解客人个人基本情况、作息时间、喜好等，如客人兴趣爱好、食品喜好或各种禁忌等，以提供针对性服务。

（2）客房服务员在每天清扫房间过程中应仔细观察房间的各种细微变化，发现和掌握各种服务信息。

（3）深入了解客人需要，分析客人类型，如性格是开朗型还是沉默型，根据客人的不同特点采取不同的沟通、服务方式。

（4）客人生日或结婚纪念日等对客人有特殊意义的日子，可做一些精心的设计和安排。如是客人结婚纪念日，可根据条件和客人喜好将客房布置成中国式的"洞房"。

（5）对长住客的服务一定要做到事前充分了解，服务中把握分寸，做到恰到好处。

（6）客房服务员在对客服务过程中，应始终保持良好的服务形象，不可以因为与客人熟悉而在客人面前有过于随便的言行。

（7）客房部管理人员及相关客房服务员应适时征求长住客的意见，改进和提高客房服务工作。

4. 客人离店

（1）在客人退房时，客房服务员应前往房间协助客人收拾行李，行李较多时需提前通知行李员，并适时询问客人的服务意见或需要饭店协助完成的事项。对客人交代的事项，客房服务员应认真听取并做必要记录，最后送客人至电梯间或楼梯间，欢迎客人再次光临，目送客人进电梯或下楼。

（2）将客人交代的事项上报部门，安排专人落实。如客人房间有遗留物品（如衣物、洗漱用品等），则应想方设法交还客人或送交部门妥善保存并做好记录。

木村先生笑了

一、情景描述

木村先生在某饭店一住便是4个月。他30多岁,个子较高,西装革履,头发总是梳得光光的。一般日本的长住客人见到客房服务员时都会很热情,又是微笑,又是点头,可是木村先生来到饭店后,与客房服务员迎面走过时总是爱答不理,视而不见。他的反常表现引起了楼层客房服务员小李的注意。小李曾多次试图接近木村先生,但收效甚微。

一天,在送木村先生的一位朋友时,小李意外获悉:木村先生是很爱说笑的,只是因为半年前在我国南方工作时,他的一块最心爱的手表丢失在某饭店客房里,他怀疑是客房服务员偷走的,从此他对饭店客房服务员存有戒心,笑容也同时被"锁"住了。

小李决心用自己的行动在木村先生心中重新塑造中国饭店员工的形象。

小李注意到木村先生特别爱看体育节目,对足球或拳击比赛,他总是看得津津有味;读报时,他通常先翻阅体育版。于是,小李在工作之余常跟木村先生闲聊体育明星的事情。为了丰富话题,小李阅读了不少书报,了解了日本著名柔道、相扑运动员的成功史、逸闻等。果然,通过闲聊,木村先生心中那扇紧闭了4个月的"铁门"终于打开了一条缝。

在生活上,小李尽量给予木村先生特别的关心。例如,木村先生身材高大,饭店的浴袍太短,小李就到布草房换了两件特大号的,轮流供其使用。木村先生也注意到了这一变化,因此他心中仅存的一点戒心也没有了。

某个星期日上午,木村先生一反常态,衣冠不整,匆匆奔出房间。小李见了忙主动问候,不料他并不理睬,低着头径直朝电梯赶去。小李去清扫房间时发现,地毯上有一堆呕吐物,发出难闻的气味。他二话没说便动手清洁客房,结果花了较长时间才使房间恢复原状,然后请饭店公共区域组用地毯清洗机把地毯彻底洗了一下,还开窗通风,并在各个角落喷洒空气清新剂。

次日清晨,木村先生见到小李,第一次展现出发自内心的微笑。

二、案例分析

有效解决客人的问题会对客人的满意度、忠诚度及饭店经营绩效产生重大影响。本案例中，客房服务员小李在改变客人的偏见时，就是在"微笑""热情""主动""多做"四个方面下了功夫。

优秀的客房服务员应该懂得与客人进行感情交流，小李在感情上缩短了与木村先生的距离，采取以热心换冷心的方法，使木村先生的心终于升温。

学习单元5　常客服务

一、常客的概念

常客也称"回头客"，指多次入住饭店的客人。

二、常客的特点

常客在个性特点、消费习惯、职业背景、文化素养等方面存在很大的差异，饭店要做好客史档案，了解客人的基本情况，及时提供针对性服务，尽可能满足客人的服务需要。

三、常客服务工作的主要内容

对于常客，在客房服务过程中要做到以下几点。

1. 入住之前

（1）客房部在接到熟识客人的预订信息后，应及时联系总台，安排好客人喜好的房间，如有些客人喜欢特别的楼层或房号。

（2）查询客人的相关客史档案，了解该客人的个性化服务信息，提前对房间进行个性化布置，如提前将水果换为客人喜欢的品种。

（3）确认客人上次住店时有无遗留物品或寄存物品，如有则主动送入房间。

（4）如是重要常客，还应准备绣有客人姓名的浴袍、拖鞋，印有客人姓名的信封等专用物品，使客人一进客房就产生宾至如归之感。

2. 入住之时

（1）客房楼层接到常客入住信息后，立刻准备方巾、茶水送入房间。如是贵宾，则应提前在通道等候客人。

（2）迎客时，楼层客房服务员应以客人的姓氏称呼客人，欢迎客人的再次光临。

（3）对于常客，在不打扰客人的前提下，由客人认识或熟悉的服务人员一同到场表示欢迎，进一步使客人有回家的感觉，同时向客人征询服务意见和要求。

（4）接待时间要掌握得当，在服务完成后应及时退出房间，以免影响客人休息，同时对客人吩咐的各种服务事项进行认真记录并交接到相关岗位。

3. 住店期间

（1）按照客人以往的作息时间对服务内容做出相应调整，在客人外出用餐时及时进房整理，送上客人喜欢看的报刊。

（2）根据房间的实际情况，适时提供相应的细微服务。例如，当发现客人房间的书桌上放着一些书刊时，应主动帮助客人整理好，并送上几张书签。

（3）客房部管理人员经常选择适当时机与客人沟通。例如，客人从通道经过时、客人早餐的闲暇时间或专门与客人约定一个交谈时间。通过沟通，客房部管理人员一方面可了解客人在店居住情况，有无交办事项，征求客人意见；另一方面可加强和客人的交往，加深与客人之间的感情。

（4）客房服务员在为常客提供服务时，应适时有所变化，有所创新，如房间花卉植物的变化、晚安礼品的变化，使客人产生常住常新之感。如图2-1和图2-2所示为某饭店将毛巾折叠成不同动物形状，制作成的晚安礼品，以给客房带来一些变化，给常客带来几分惊喜。

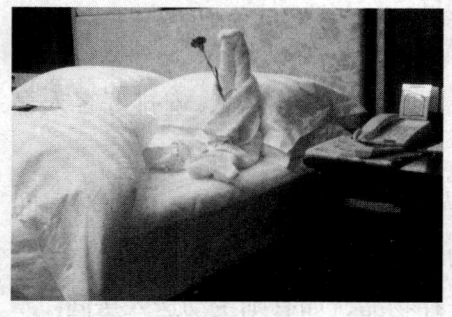

图2-1 晚安礼品（1）

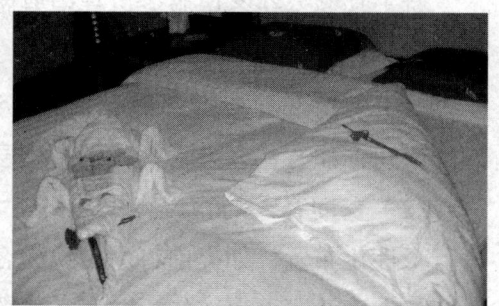

图2-2 晚安礼品（2）

4. 客人离店

（1）在客人退房时，客房服务员应前往房间协助客人收拾行李，行李较多时需提前通知行李员，并适时询问客人的服务意见或需要饭店协助完成的事项。对客人交代的事项，客房服务员应认真听取并做必要记录。

（2）送客人至电梯间或楼梯间，欢迎客人再次光临，目送客人进电梯或下楼。

（3）将客人交代的事项上报部门，安排专人落实。如客人房间有遗留物品（如衣物、洗漱用品等），则应想方设法交还客人或送交部门妥善保存并做好记录。

（4）有些饭店为常客提供日常用品寄存服务，如寄存洗漱用品、酒水等。

（5）注意客人需求信息的收集，做好客史档案。

家外之家

一、情景描述

常言道："在家千日好，出门一日难。"这句话道出了出门在之外人的诸多不便。但作为常客的李先生在入住饭店期间，因得到客房服务员体贴入微的照顾而感觉就像在家一样温馨与舒适。第一次入住贵宾楼619房间，偶然的一件小事给他留下了深刻的印象。

退房之前，李先生买了一些水蜜桃准备带走。为了方便携带，他找到客房服务员要求给桃子装箱。客房服务员很快找来了一个牢固的箱子，可是水蜜桃娇嫩易损，就这么放进箱子里，经过一路的颠簸，肯定会面目全非。这时细心的客房服务员又找来一些旧报纸，将每个桃子用报纸包好，整整齐齐地摆放在箱子里，然后用胶带将箱子牢牢地"武装"了起来。当这个简单而又不失美观的箱子送到李先生手中时，他被客房服务员的认真负责感动了，对客房服务员的心灵手巧大加赞赏。从此，李先生成了贵宾楼6楼的常客。每来一次，他都会在这里得到一份新的感受、新的惊喜。

由于每次入住的时间较长，李先生往往携带大量的衣服，房间提供的衣架不够用，于是他向客房服务员提出多备一些衣架。前不久，当他再次入住619房间时，惊喜地发现足够的衣架整整齐齐地挂在了衣橱里。一个小小的变化让李先生感受到的是"家外之家"的温暖。

二、案例分析

尽管客人的需求是多方面的,甚至是千差万别的,但是客人都希望得到无微不至的服务。本案例中,李先生离店前买了一些水蜜桃要带走,客房服务员细致周到地为水蜜桃包装,既给了李先生惊喜,又使其感受到一种体贴入微的温暖。常客李先生提出希望多备一些衣架,当他再次入住619房间时,足够的衣架整整齐齐地挂在了衣橱里,从而使他感到619房间就是自己的家。点点滴滴的小事看似微不足道,但正是这一点一滴,才使饭店的服务充满了无穷的魅力。客房服务是一种创造性的劳动,只有提供优质的服务,才能让离家的客人感受到宾至如归的温馨与舒适。

学习单元6　亲子家庭客人服务

一、亲子家庭客人的概念

亲子家庭客人一般指父母和未成年子女共同出游入住饭店的家庭客人。

二、亲子家庭客人的特点

亲子家庭客人的特点是以孩子旅游需求为关注点,将知识、教育、体验、亲情、休闲等集于一体。在旅途中不仅让孩子学习知识、感受自然、提高能力,更主要的是增强了父母和孩子之间的交流、沟通,培养了父母和孩子之间的感情。一般6~12岁的孩子是饭店亲子家庭的主角。

亲子家庭客人具有特殊性,而且作为年轻一代的父母,更喜欢在线获取信息,他们往往会根据自己的喜好,通过网络查询亲子饭店,并预订客房。

三、亲子家庭客人服务工作的主要内容

1. 入住之前

(1)前厅部应主动联系客人,了解同行孩子的年龄,是否需要加床,有无特殊要求,方便饭店有针对性地进行服务。

(2)入住当天,客房部应提前做好客房童趣布置,主动为客人提供儿童拖鞋、儿童浴巾等儿童专属用品;做好客房安全防护(插电防护盖、卫生间防滑垫、桌

角和墙角保护贴等），避免儿童客房内因设施设备出现安全问题；向客人提供主题客房，如大熊猫、小黄鸭、大嘴猴等，打造"网红"亲子房。

（3）对设有儿童区域的饭店，应安排专人看护，做好防护措施，以防意外发生，同时对其设施设备做好清洁和消毒，保证该场所内的卫生。

亲子家庭客房玩具、食品等布置注意事项：玩具宜柔软、安全、好收纳、符合时节、有当地特色，如布偶、绘本、防蚊虫手环等；玩具忌尖锐、过小（宜吸食）、过大（不易携带）等。食品宜新鲜、尽量不含或少含添加剂、标明生产日期，如水果、现做甜品、品牌的小零食等；食品忌三无产品、有辛辣刺激味或含有大量添加剂的食物。

2. 住店期间

由于孩子天性好动，除了保证安全、卫生等基本工作外，客人住店期间客房服务需要做好以下几点。

（1）提供出游建议。主动询问出游计划，从孩子角度提供信息参考，如"今天天气很好，可以带小孩去沙滩边走走""近几天海边风浪大，建议早晚不要外出"等。

（2）提供出游关怀。针对当地气候特色，及时提醒客人，如"外面天热，注意给小朋友做好防暑""植物园蚊虫多，我们备有防蚊虫手环，可以带上"等。

（3）及时给予帮助。服务中如遇到带孩子的家长提拿物品较多，应主动给予帮助，协助家长把东西送回房间，让客人感受到客房服务员的真诚。

（4）关注客人需求。客房服务员在楼层服务时，看到独自一人的孩子应主动询问情况并提醒其注意安全；在客房遇到带孩子的家长或孩子一人玩时，应礼貌避让，以防不慎造成伤害，同时主动询问客人是否需要帮助。

典型案例

"熊宝宝"的睡床

一、情景描述

熊先生与熊太太带了女儿小熊入住某品牌饭店，一家三口外出用晚餐时，将一个玩偶熊放在了客房内。待他们晚上回到房间，小熊惊喜地跳了起来，说："我的熊宝宝也有床啦。"原来是客房服务员在开夜床时，看到玩偶熊后想到这一定是小朋友的心爱之物，于是灵机一动，用枕套给玩偶熊做了一个"睡床"。一些饭店有这样的特别服务，当有小客人带着他们的泰迪熊或其他布玩具入住饭店时，客房部服务员会留心并将它们当小客人们一样对待，铺一张属于它们的"迷你床"，"迷你床"是以环保床单特别手工缝制的，和真人睡的床看上去同样舒适。夜幕降临之时，让家庭中的每个成员包括玩具们都拥有属于各自休憩的一片天地。

二、案例分析

饭店满足了孩子的愿望就意味着一个孩子、一个家庭，甚至与之相关的多个家庭都可能成为其该饭店的忠实客人。家庭亲子游的增多让饭店管理者更加明白，让孩子满意是饭店在运营成功天平上的重要的砝码。近年来，无论是国际连锁的大型酒店管理集团还是单体运营的精品饭店、度假饭店，都推出了儿童贴心服务，给孩子独特的住店体验。"kids friendly"（儿童友好）成了饭店业一致认同的说法，这要求饭店给予小客人更多的关爱。

学习单元 7　网络订房（OTA）客人服务

一、网络订房（OTA）客人的概念

网络订房（OTA）是指通过网络向旅游服务提供商（携程、去哪儿、同程、艺龙、美团酒店、飞猪等）预订旅游产品或服务，并通过网上支付或者线下付费方式支付费用的客人。OTA 全称 online travel agency，直译为在线旅游，是旅游电子商务行业的专业词语。

二、网络订房（OTA）客人的特点

1. 客人通过网络获取饭店相关信息，从而决定是否入住该饭店。

2. 客人通过网络对饭店进行全方位的了解，对无忧无虑的旅行生活期待值较高。

3. 客人通过网络可以随时掌握饭店新的服务项目和优惠政策。

4. 客人在线下体验饭店产品后可以在电商平台留下入住体验（网评），给予好评或者差评。

5. 住店期间的体验感受需要包括热情礼貌的服务、温馨体贴的关心、及时给予的帮助等。

三、网络订房（OTA）客人服务工作的主要内容

1. 入住前准备工作

（1）通过系统查看客人订单中是否备注了特殊需要。

（2）按照备注的特殊要求，在客人入住前两小时做好相应安排。

2. 入住之时

（1）主动问候，欢迎客人光临。

（2）主动询问客人有无需要帮助的地方。

3. 住店期间

除了客房卫生工作外，为客人提供超出预期的服务，往往容易打动客人而获得好评。

（1）服务态度热情礼貌。客房服务员在楼层遇到客人时，应停下手中的工作，对客人报以微笑并进行亲切的问候等。

（2）给予客人主动的关怀。服务中主动细心观察客人，及时给予对应的服务支持。如客人外出时，应主动告知城市当天的天气，提醒客人应增添衣服或携带雨具，同时可告知客人附近的公共交通线路等。

（3）为客人制造小惊喜。客人入住后，在服务过程中要择机为客人创造惊喜，激发客人主动点评的欲望，如提供温馨小贴士、友情小提示、手工小礼品、超值服务等。

4. 客人离店

（1）完善客人遗留物品管理体系，做好客人离店后的结束工作。

（2）做好好评的引导和投诉的处理，提高客人对饭店好评率。

提高客人好评率的措施如下。

1）卫生辅助。除了日常卫生工作外，客人能够看见的地方更要干净，充分体现感知价值。获得客人好评的增补物品有：消毒液、一次性马桶垫、遥控器类的消毒封套等。

2）出行支持。深入挖掘客人外出需求，获得客人好评的增补物品有：本地旅游图、防噪耳塞、多类型充电器等。

3）入住质量。提供更优质的入住体验，获得客人好评的增补物品有：茶叶赠品、纯手工地方特色摆件赠品等。

典型案例

五星好评

一、情景描述

携程网客人王先生一家入住饭店，客房服务员小何在给客人送欢迎水果时看到客人带着小朋友，于是主动提供儿童床和儿童用品。细心的她看到小朋友自己在叠纸飞机，于是用毛巾叠出小兔子，并且询问客人对房间以及饭店的满意度。客人觉得房间干燥闷热，小何主动提供加湿器和空气净化器。在客人入住期间，小何每天为客人提供新鲜水果，且每天为小朋友准备不同造型的毛巾小动物。客人退房时，小何主动送矿泉水并问候客人入住期间是否满意。客人非常满意小何热情而又细心的服务。客人退房后主动在携程网上留下了五星好评，表达了对饭店的满意及对小何的感谢。

二、案例分析

在对客服务过程中，客房服务员应关注客人的需求，将服务工作做在客人开口之前，如发现客人带着小朋友，应主动表示对其的关心，给客人留下深刻影响，赢得客人的认可。客房服务员可主动培养和引导客人分享自己的入住体验，因为对于饭店来说，住客的点评起着至关重要的作用。

学习单元8 老年客人服务

一、老年客人的特点

老年人有较强的恋家情怀，比起隆重的入住接待、高档设备设施的配备，他们更看重的是饭店的服务质量。能否为老年人提供家一样的舒适体验，是客房部的服务重点。

二、老年客人的服务要求

1. 像家人一样关照

客房服务员遇到老年客人时应主动问候，提供帮助。如有可能，可了解老年客人的身体状况、精神状况、饮食情况、出游活动等情况，以便提供相应的关照。

2. 像家人一样关注

有些老年人腿脚不便，眼神不好，饭店应为其提供靠近电梯口位置的客房，方便客人出入；专门设置的老人客房应有无障碍通行设施；有些老年人喜欢与人聊天，客房服务员应以热情的服务态度与老年客人沟通，赢得他们的好感。

3. 像家人一样关心

老年人入住客房后，客房服务员提供服务要注意避开老年客人的休息时间；注意保持楼层的安静；进出房要尊重老年客人；可为老年客人准备酥软点心和可口水果，配备茶叶等小礼品。饭店可多考虑老年客人的需求，做好相应服务（如考虑到很多老年人有泡脚的习惯，可为其提供有一次性盆套的泡脚盆）等。

4. 像家人一样称呼

老年人更喜爱被尊重，所以，对老年人的称呼也要有一定的技巧，要求尽可能温暖亲切。年轻的客房服务员看到客人后，可称之为"爷爷""奶奶"，中年的客房服务员看到客人后可以称呼他们为"叔叔""阿姨""先生""女士"等。

三、老年客人服务注意事项

1. 注意东西方老年人接受服务的差别。西方老年人希望自我独立，东方老年人希望给予更多关心。

2. 对于单独出行的老年人，在服务过程中要给予更多的关注。

3. 发现房间客人有药品放在写字桌、床头柜、迷你吧台等处时，客房服务员可主动准备白开水，并留言提醒客人按时服药。

4. 尽快掌握老年客人的作息时间，客房服务以不干扰其休息为宜。

学习单元9 会议客人服务

一、会议客人的概念

会议客人是指以团队形式入住饭店并进行会议活动的客人。

二、会议客人的特点

1. 人数较多,且成员之间的差异较大。
2. 活动相对集中统一。
3. 服务要求较多,要求服务快捷、准确。
4. 喜欢互相串门,有午睡的习惯。
5. 对饭店有关房价、折扣等政策比较敏感。

三、会议客人服务工作的主要内容

1. 入住之前

(1)会议客人抵店时间比较集中,一次占房量较大,客房部需按会议接待要求安排好相应的房间。

(2)做好客房的清洁卫生工作,特别是要搞好卫生间的卫生,杯具、卫生洁具要按标准进行消毒清洗,客用品需配备到位。

2. 入住之时

(1)客人到达楼层后,客房服务员应主动按所分房号将客人引入房间。

(2)主动提供行李服务。

3. 住店期间

(1)提供简单整理房间服务。

(2)做好叫醒服务。

(3)及时提供房间茶水服务。

(4)对客人托办的事项,一定要及时办妥。

(5)及时清扫整理客房。

(6)客人用过的会议文件和抄件要严格保密,不得随便翻动。

（7）如客人在会议室或客房签订合同，客房服务员需事先布置，主动添加桌椅。

（8）平时可对当地的名胜古迹及旅游纪念品多加介绍。

（9）不设服务台的饭店最好能在客人入住及回房的高峰时段提供值台服务，以便随机服务。

4. 客人离店

（1）为客人整理行李提供方便，如客人有要求，可帮助客人整理行李。如团队客人行李较多，需事先通知行李员。

（2）客人临行前，客房服务员可利用进房服务的机会查看客房设备有无损坏、物品有无遗失，以及食品、饮料有无消耗。

（3）客人离店前，客房服务员可适时询问客人意见或需要饭店协助完成的事项。

（4）提醒客人检查自己的行李物品，不要遗留物品。

（5）送客人至电梯间或楼梯间，欢迎客人再次光临，目送客人进电梯或下楼。

典型案例

房间的不同水果

一、情景描述

桂花飘香的季节，某景色优美的湖滨饭店接待了一个非常重要的会议，与会者45人，会期10天。会议期间，饭店员工都处于紧张而有序的忙碌之中。

有一位细心的与会者陈先生在串门时发现，从开会的第二天开始，每个房间的水果各不相同，不禁有些好奇，晚上客房服务员小朱到房间做夜床时，陈先生就问她："小姐，我们开会的房间里放的水果好像不一样，为什么？"

小朱看到陈先生房间里放的是苹果，连忙问陈先生："您不喜欢吃苹果吗？"

"哦，不，我喜欢吃苹果，不过我奇怪的是你怎么知道我喜欢吃苹果？"客人好奇地问。

小朱笑着说："喜欢就好，各位都是我们的贵宾，我们应该知道你们喜欢吃什么，至于怎么知道的，这是秘密。"客人也笑了。

原来，为使这个重要的会议圆满成功，饭店不但从各方面收集信息，还要求各部门客房服务员对所负责区域的会议房间进行细致的观察,了解客人的偏好,如客人喜欢什么水果、饮料,以及晚间休息的时间等,以便为客人提供最好的服务。客房服务员在清扫房间时,发现送进陈先生房间的苹果、香蕉等水果,陈先生只食用了苹果,而其他水果没有动过,由此推断陈先生对苹果"情有独钟",于是特意在陈先生的房间里多摆放了一些苹果。

二、案例分析

提供针对性服务首先要了解客人的喜好、需求等信息,会议客人人数较多,成员之间差异较大,了解他们的个性特点、需求爱好并非易事。此案例中,客房服务员在工作中细心观察,根据放进客房水果的食用情况发现客人对水果的偏好,这给客人留下了良好的印象。

学习单元 10　旅游团队客人服务

一、旅游团队客人的概念

旅游团队客人是指以团队形式入住饭店并进行旅游观光活动的客人。

二、旅游团队客人的特点

1. 旅游团队客人的活动一般有组织、有计划,日程安排紧凑,活动时间统一。
2. 旅游团队客人店外活动多,店内停留时间短。
3. 旅游团队客人通常是自由组合,职业各异,年龄、性格、需求有时相差很大。
4. 旅游团队客人尤其是外宾对卫生要求较挑剔,特别是对卫生间的卫生要求比较高。
5. 旅游团队客人白天在外观光,体力消耗较大,因此往往需要第二天早晨的叫醒服务。

三、旅游团队客人服务工作的主要内容

1. 入住之前

(1)旅游团队客人抵店时间集中,一次占房量较大,客房部需按要求准备好相应的房间。

（2）做好客房的清洁卫生工作，特别是要搞好卫生间的卫生，杯具、卫生洁具要按标准进行消毒清洗，客用品需配备到位。

2. 入住之时

（1）客人到达楼层后，客房服务员应主动将客人引入房间。

（2）协助行李员搬运客人行李。

（3）尽可能用客人的当地语言与团队客人打招呼，使其产生宾至如归之感。

3. 住店期间

（1）做好叫醒服务，客房服务员在接到客人需要叫醒的要求时，一定要确认房号和叫醒时间。

（2）服务工作做到主动、热情、周到。

（3）做好个性化服务，尊重每一位客人及其生活习惯。

（4）对于在住店期间生病的客人，客房服务员要给予适当的关心和问候。

4. 客人离店

（1）协助行李员在规定的时间内把行李集中起来，放到指定地点，清点数量，并会同接待单位核准行李件数，以防遗漏。如果几个团队同时离店，则需按团队名称分别摆放、清点行李，以免出现差错。

（2）协助行李员搬运客人行李。

（3）主动、热情地送客人至电梯间或楼梯间，欢迎客人再次光临，目送客人进电梯或下楼。

学习单元 11　提供客人需求信息

客史档案指饭店工作人员以文字、图表形式记录整理的有关客人入住饭店实际消费需求的信息资料，是客人需求信息的主要载体。住客的客史档案通常由饭店前厅部相关人员负责输入。

一、建立客史档案的意义

1. 客史档案是对客源的科学管理，也是为客人提供针对性、个性化服务的依据。

2. 客史档案的建立有助于突出饭店服务特色，树立饭店品牌形象。

二、客史档案的内容

1. 客人的基本资料

客人的基本资料主要包括客人的姓名、年龄、性别、职业、身高体型、个性特征、联系方式等。有可能的话,还可以储存客人的照片。表2-4为某饭店贵宾客史档案内容。

表2-4 某饭店贵宾客史档案

档案号:_____ 日期:_____ 建档人:_____

中文姓名			英文姓名		
出生年月日			国籍/籍贯		
家庭住址					
初次入店日期			最近入店日期		
公司名称			接待单位		
客人等级	□贵宾	□商务客人	□上门客人	□预订客人	□其他
客人身份	□商务客人	□学者	□私营业主	□政务客人	□其他
宗教信仰	□佛教	□基督教	□伊斯兰教	□道教	□其他
客户来源	□政府机关	□营销部客户	□总经理客户	□其他客户	部门:
房间类型要求	□套房	□高级客房	□标准间	□商务房	□其他
客人入住房价	□高档型	□较高档型	□标准型	□经济型	□其他
房间其他要求	□喜好大床	□喜好安静	□喜好高档	□无特殊要求	□其他
客人饮食要求	□清淡	□甜	□咸	□辣	□其他
对服务的要求	□叫早服务	□送餐服务	□出租车服务	□飞机票服务	□火车票服务
遇到问题时	□通融	□沉稳	□急躁	□以自我为中心,不讲道理	
客人特殊要求	1. 房内需要《××日报》《××晚报》 2. 喜欢的客房用品、卫浴用品: 3. 喜欢房间清洁的方式和物品摆放的位置: 4. 其他特殊要求:				
投诉内容及处理	投诉内容: 处理结果:				
	事后客人态度	□满意	□一般	□不满	投诉经办人:
未尽事宜	□遗留物品				
	□其他事宜				
其他注意事项					

2. 客人与饭店的业务往来资料

饭店的客人中有些是具有相当社会影响力的，应详细记录这些客人每一次在饭店的活动情况，如举办会议、会谈、会见，召开新闻发布会，宴请等。这些资料可以使饭店的后续服务有据可查，同时还有助于提升饭店的品牌形象。

3. 服务中收集的信息

这种信息也被称为观察收集信息，是指客房服务员在提供服务的过程中通过观察来判断不同客人的基本情况及个性需求，如客人对清扫房间时间的要求、开夜床的需求、对水果的喜好等，及时提供相应的针对性服务。

客史档案的建立需要饭店各个接待部门，如餐饮部、客房部管理人员负责将所收集到的信息及时反馈给前厅部。客房部在服务中需要收集的信息主要包括以下几类。

（1）客人喜欢的客房用品、卫浴用品。

（2）客人要求清扫房间和开夜床服务的时间与次数。

（3）客人喜欢房间清洁的方式和物品摆放的位置。

（4）客衣洗涤的特殊要求及有关注意事项。

（5）客人喜欢收取（送回）客衣的时间。

（6）客人喜欢送回洗衣的方式（折叠、挂架等）。

（7）其他特殊要求，如额外的枕头、毛巾、毛毯，以及变压器和多功能插座等。

表 2-5 为某饭店客房部 VIP 客人个性化信息收集表。

表 2-5　某饭店客房部 VIP 客人个性化信息收集表

日期：_____　　制表人：_____

姓名	性别	常住房号	清扫房间要求	水果爱好	运动爱好	常喝的茶或饮品	其他信息	特殊要求

三、客史档案的建立和利用

1. 明确建立客史档案的对象，通常饭店对长住客、常客、贵宾都会建立客史档案。

2. 当客史档案有变更时，负责客史档案的相关人员（通常是前厅部人员）应及时修改信息，保证客史档案信息的准确性。

3. 当客人办理预订手续、给客人分配房间、进行客房服务时，饭店要根据客史档案提供针对性服务。

4. 饭店的客史档案是客人的主要信息资料，各部门应严格遵守保密制度，任何员工不允许向无关人员或外界泄露客史档案中的有关内容。

用心工作，关注细节

一、情景描述

某饭店，一天午后，客房服务员小崔接到客房中心通知，说8017房间有客人入住。不一会儿，一个熟悉的身影映入小崔的眼帘，这不是上月曾经入住饭店的来自广东做鞋业生意的张先生吗？小崔赶忙上前向张先生问好，确认张先生登记入住的是8017房间后，他就连忙为张先生开房、沏茶，然后退出房间。

回到客房中心，小崔马上翻看了客史档案，得知张先生喜欢白色被套、窗帘拉开、喜欢吃梨等。趁张先生用晚餐时，小崔按客人的喜好布置、整理好房间，还用精美的卡片告知当天本地气候和广东气候，并特意寻找了一些本地鞋类市场的资料摆在桌上。

用餐后返回房间的张先生发现客房竟然是按自己的喜好布置的，颇感意外和惊喜，找到小崔对饭店的服务大加赞扬，连称："服务真是到位呀，对我的喜好还记得这么清楚，很是难得。还为我找了这些生意资料，真是有心啊。就冲这贴心的服务，我也要告诉朋友们，来贵地就首选这里。"

在接下来两天的服务中，小崔还利用在广东实习时学过的粤语主动向张先生问候交流，让身处异乡的张先生听着乡音很是亲切，颇为激动。张先生对在本地办事遇到的一些情况也很信任地向小崔提问求助,小崔都给予了详尽回答和帮助,这也极大地提高了张先生的办事效率,顺利完成了此行的商务活动。

二、案例分析

客房服务员小崔在对客服务中,用心工作,关注细节,为客人提供针对性服务,体现了对客人的尊重、热情,创造出满意和惊喜的服务效果。

收集并提供客人需求信息,是做好针对性服务的基础工作。客史档案不可能收集到客人所有的生活资料,这就要求客房服务员强化服务意识,细心关注每位客人。

多齿梳子

一、情景描述

夏季的一个晚上,入住某饭店806房间的李小姐即将参加一个重要宴会,她洗完澡后想把头发吹干、定型,但由于客房内的梳子使用不顺手,很难将头发整理好。在没有办法的情况下,她打电话到客房中心要一把多齿梳子。客房中心的客房服务员小黄听了客人的要求后说:"小姐您好,我们这里没有多齿梳子,不过我想想办法,找到后立刻给您送到房间里。"放下电话,小黄立即与饭店的美容室联系,很快借了一把多齿梳子送到李小姐的房间,李小姐非常高兴,打电话到客房中心致谢。

第二天上午,客房部经理照例阅读客房中心的工作记录时,发现了小黄关于客人需要多齿梳子的记录。小黄在记录中表示,曾经碰到过多次这种情况,许多客人都有这种需求,建议客房中心租借物品服务中增加这种梳子,以方便客人。

经理看后批示:好建议。然后,经理立刻通知相关部门采购一些方便客人吹头发用的多齿梳子,提供给需要的客人使用;并与饭店采购部门联系,寻找厂家设计一种可以充当客用品的价格低廉的小号多齿梳子。

二、案例分析

许多客人喜欢自己吹头发,尤其是在夏季洗发次数较多的时候。但由于没有多齿梳子,整理头发时不顺手,使得客人常常难以如愿。本案例中的客房中心客房服务员能够根据客人的需求提出好的建议,并以最快的速度为客人提供服务,而客房部经理也非常善于采纳员工的意见。该饭店重视客人信息的收集和传递工作,以满足客人需求为宗旨,根据客人需求的变化及时调整、完善饭店所提供的服务项目,受到了客人的赞扬。

培训课程 3 会议布置与服务

学习单元 1　会议室的布置

一、会议的种类

会议主要包括普通会议、会见、会谈和签字仪式等几种类型。

1. 普通会议

普通会议根据与会人数可分为小型会议、中型会议和大型会议。小型会议出席人数少则几人，多则几十人，但不超过100人；中型会议出席人数通常为100~500人；大型会议出席人数在500人以上。

2. 会见

会见是国际、国内交往中常见的礼宾形式之一。会见根据双方身份是主或宾、职位是高或低、时间是先或后而区分为接见、拜见（拜会）、召见和回拜，一般统称为会见。会见的性质有礼节性的，也有实质性的，或二者兼而有之的。从会见的规格来说，从几人到几百人不等。

3. 会谈

会谈是指双方或多方就政治、经济、文化、军事等共同关心的问题交换意见，或就具体业务进行谈判的活动。从内容上来说，会谈较为正式，政治性或专业性较强。会谈双方第一主人和第一主宾的身份一般是对等的，所负责的事务和业务也是相对应的。

4. 签字仪式

国家间通过谈判，就政治、经济和文化等达成协议，如联合公报、贸易协定、经济技术协定、文化交流协定等，一般都要举行签字仪式予以确定。地方之间、单位之间大的交易、合作项目达成协议，也都要举行签字仪式。

二、小型会议室的布置

现代饭店会议区域通常与餐饮区域合在一起，会议服务由餐饮部负责提供；也有部分饭店客房楼层依然保留会议室；高星级饭店一般在行政楼层配有小型会议室供客人使用。

1. 会议室布置形式

小型会议室主要用于商务洽谈、会谈、小组讨论、小型研讨会等，根据会场大小、会议要求和与会人数，可将会议桌布置成O形（见图2-3）或椭圆形、U形（见图2-4）、长方形（见图2-5）、T字形（见图2-6）等。

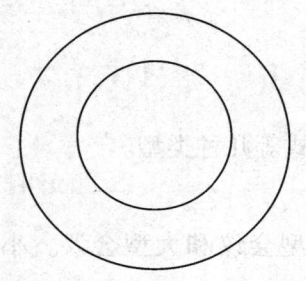

图2-3　O形会议桌安排形式

图2-4　U形会议桌安排形式

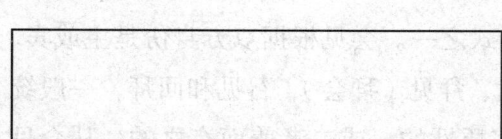

图2-5　长方形会议桌安排形式

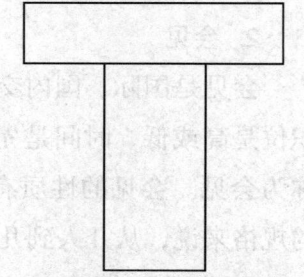

图2-6　T字形会议桌安排形式

2. 会议台面布置

会议台面需根据会议要求、性质及类型来布置，下面介绍普通会议的台面布置，供学习参考。

（1）便笺摆放（见图2-7）

1）便笺整齐、无破损，保证用量。

2）便笺摆放与客人座椅中心线对齐，间距一致。

3）会议桌面宽度超过 55 cm 时，便笺底部与桌沿距离为 3 cm；会议桌面宽度未超过 55 cm 时，便笺底部与桌沿距离为 1 cm。

4）便笺文字的正面应朝向客人。

（2）铅笔或圆珠笔摆放（见图 2-7）

1）将笔摆在便笺右侧 1 cm 处，笔的尾端与便笺的尾端相齐平。

2）如有红、黑两种颜色的笔，则红色笔摆在里侧，黑色笔摆在外侧。

3）笔的摆放应整齐划一，笔尖朝上，笔上的字面朝向客人。

（3）杯垫摆放。将杯垫摆放在便笺右上角 3 cm 处，杯垫正面朝上，花纹或店徽要摆正。

（4）杯具摆放（见图 2-7）

1）摆放杯具前，客房服务员应当先洗手，并将杯具消毒。

2）检查杯具有无破损和污渍。

3）将杯子摆放在杯垫中心部位，杯把向右，杯把指向与桌底边沿成 70°。

4）杯盖图案与杯子图案对正，图案朝向客人。

（5）名签摆放（见图 2-7）

1）名签两个看面都应写上客人姓名，字迹清晰，书写规范，确保客人姓名准确无误。

2）名签摆放在便笺中心的正上方，间距相等，摆放端正。

（6）小毛巾摆放。准备相应数量的小毛巾，有图案或文字的一面朝向客人，将小毛巾摆放在客人方便取用处，如图 2-7 和图 2-8 所示。

（7）花插摆放

1）鲜花应无脱瓣、无虫、无不良气味。

图 2-7　会议台面布置（1）

图 2-8　会议台面布置（2）

2）根据台形确定花插的摆放位置，花插的花形视觉效果美观，花插高度以不遮挡客人视线为宜，如图2-9所示。

3）如果会议桌有凹槽，通常将花插摆放在凹槽中，如图2-10所示。

图2-9　花插摆放（1）

图2-10　花插摆放（2）

三、会见厅的布置

会见厅的布置形式应根据参加人数的多少、规格的高低、厅室的大小和形状进行选择。如果是十几个人的会见，则会见厅可将沙发按马蹄形（见图2-11）或U字形（见图2-12）布置。会见时如需要合影，则应准备好相机，合影位置宜选在屏风前或挂画下。

图2-11　会见厅布置（马蹄形）

图2-12　会见厅布置（U字形）

会见厅的座次安排，一般将第一主宾安排在第一主人右手旁，其他宾客按身份顺序安排在第一主宾一侧，而其他主人安排在第一主人一侧，译员、记录员安排在第一主人和第一主宾的后面。有时宾主也可以穿插坐在一起。会见厅座次安排常见形式如图2-13所示。

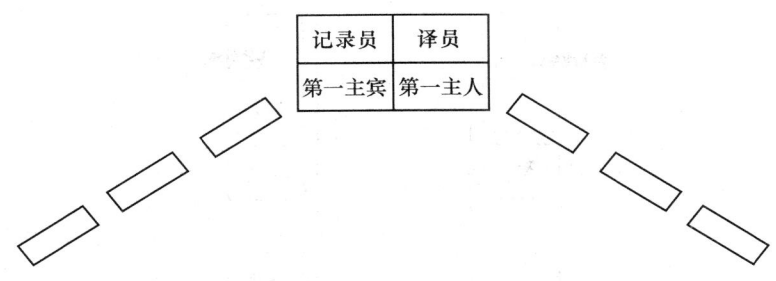

图 2-13 会见厅座次安排形式

四、会谈厅的布置

双边会谈时,会谈厅一般布置长条桌和扶手椅,宾主相对而坐进行会谈。

布置时,可根据需要将长条桌摆成横一字形(见图 2-14)或竖一字形(见图 2-15)。具体布置主要包括以下几个方面。

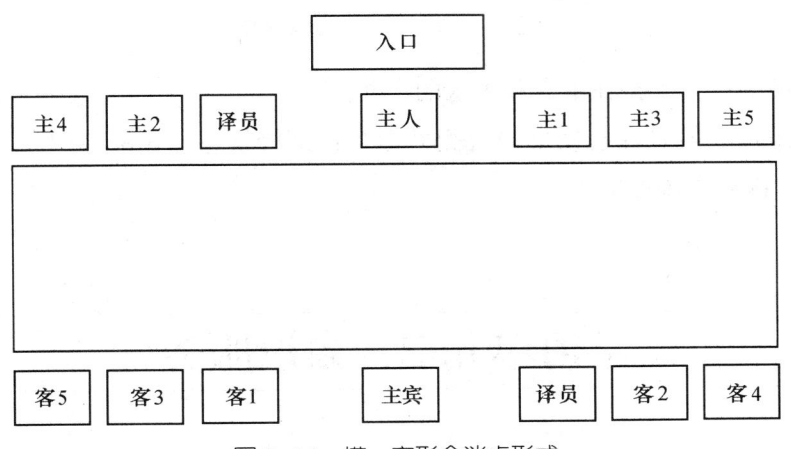

图 2-14 横一字形会谈桌形式

1. 桌子的中线须与正门的中线相对。
2. 桌面铺上台布。
3. 桌子两侧对称地摆上扶手椅。
4. 主宾和主人的座位要居中相对摆放,座位两侧的间隔要比其他座位略宽一些。会谈桌呈横一字形摆放时(见图 2-14),主人应在背向正门的一侧就座;会谈桌呈竖一字形摆放时(见图 2-15),以进门方向为准,宾客座位在右侧,主人座位在左侧。

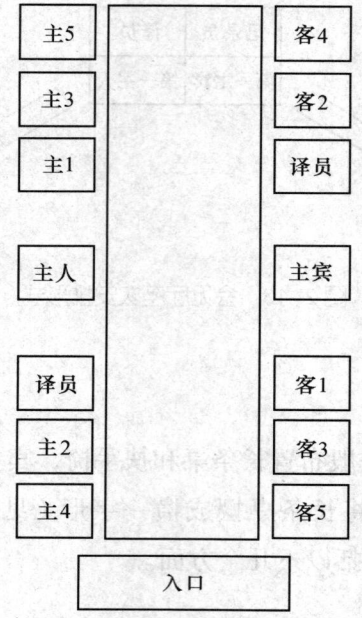

图 2-15　竖一字形会谈桌形式

5. 译员的位置安排在主宾和主人的右侧。

6. 记录员一般是在会谈桌的后侧另行布置桌椅就座,如果参加会谈的人数较少,也可安排在会谈桌就座。

学习单元 2　会议服务

一、会议服务人员要求

1. 仪容仪表要求

(1) 着装整洁,佩戴标牌。

(2) 女客房服务员需化淡妆,不浓妆艳抹,不佩戴首饰。

(3) 站姿规范端庄。

正确的站姿是:抬头,目视前方;挺胸、直腰、收腹,肩平且双臂自然下垂;双腿并拢直立,脚尖分开呈 V 字形,如图 2-16 所示;也可两脚分开,比肩略窄,如图 2-17 所示;身体重心在两脚中间,将双手合起,放在腹前或背后。

图 2-16　员工站姿（1）

图 2-17　员工站姿（2）

2. 语言要求

（1）语调温和亲切，音量适中，普通话规范。

（2）语言文明礼貌，适时运用"您好""欢迎光临""请""谢谢""对不起""没关系"等礼貌用语。

（3）向服务对象主动打招呼。

3. 态度要求

（1）客房服务员需做到敬业、勤业、乐业，精神饱满，彬彬有礼。

（2）做到微笑服务，态度诚恳、热情、周到。

4. 纪律要求

（1）上班前不饮酒，不吃有异味的食品。

（2）不准擅自脱岗、漏岗，非工作需要，不在服务场所使用电话。

（3）严格遵守职业道德。

5. 服务卫生要求

（1）讲究个人卫生，勤理发、勤洗手、勤剪指甲。

（2）会议用品、用具，如台布、话筒、便笺夹等需分类保管。

（3）用过的杯具、烟灰缸、毛巾托等需及时清洗，摆放整齐，如图 2-18 和图 2-19 所示。

（4）需对杯具进行消毒清洗，存放在杯具保洁柜内；将毛巾送洗衣房洗涤。

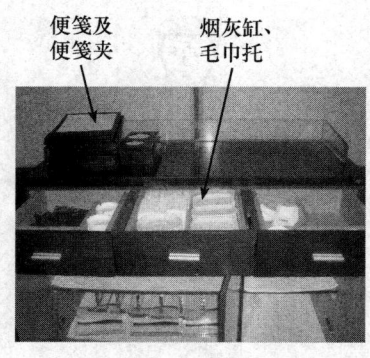 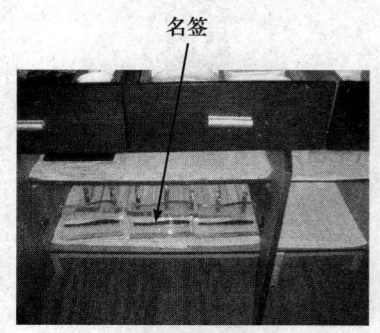

图 2-18 会议用品的存放（1）　　图 2-19 会议用品的存放（2）

二、普通会议服务

1. 准备工作

（1）会议开始前 1 h，客房服务员应在会场内做准备工作，如叠方巾、泡茶水。管理人员需注意检查会场清洁卫生和洗手间卫生情况，确保会场消防通道畅通，消防器材完好，注意防火、防盗等安全事项。

（2）会议开始前 30 min，应再次检查横幅、立牌、绿化、空调等情况，以及音控人员、洗手间清洁工是否到位。如有问题，需立即通知服务中心或有关部门人员，保证会议按时开始。

2. 迎客服务

（1）会议即将开始之前，会场播放轻音乐，任何影响会议的工作（如吸尘等）应立即停止，客房服务员站在会议室内外，面向客人到来的方向，保持微笑。若是重要会议，需有领班以上管理人员在场迎候。

（2）会议服务人员在与会人员入场前应站立在会议厅门口两侧，客人到来时，有礼貌地向客人点头致意，使用"早上（上午、下午、晚上）好"或"欢迎光临"等礼貌用语。对已入座的客人，应及时递上茶水、湿巾，茶水量一般控制在杯子的七成满。

（3）若会议桌上有会议用的设备设施如计算机、话筒等，应主动介绍，协助客人连接和调试，避免使用中出现问题而影响会议顺利进行。

3. 会中服务

（1）客人陆续入座后，客房服务员应按礼宾次序（先宾后主或先女士后男士）及时送上茶水。

（2）会议开始时，客房服务员应将会议室门关上。会议进行时，客房服务员应站在门口留意会议进程,观察随时可能产生的服务需求。注意与会人员动态,发现客人吸烟应用托盘递送烟灰缸,礼貌地请客人熄灭香烟或提醒客人到场外吸烟区吸烟。

(3)会议期间,会议室内的电话机应撤离(客人特别要求保留的除外),以免影响会议进行。重要会议有可能要求客房服务员在会议室外待命,不可以随便出入。

(4)第一次续水应在会议开始后 15 min 进行,以后续水每次间隔 30 min(可视情况提前或延迟),茶水温度应保持在 85℃以上。

(5)会议休息时,需及时补充和更换各种用品,注意不要翻动桌面上的资料。

(6)会议结束时,客房服务员应快步走向会议室门口,打开大门,站在门内一侧,保持微笑,身体略微前倾,欢送客人,用语为:"请慢走,欢迎下次再来。"

4. 会后结束工作

(1)人员全部离场后,检查有无遗留物品,检查会场设备、物品的完好情况。

(2)将贵重设备、物品收好并妥善存放,撤茶杯、烟灰缸,清扫整理会议室。

(3)离开会议室时,全面检查各电源开关及烟灰缸,并关闭门窗。

(4)严格做好保密工作,不询问、议论、外传会议内容,不带无关人员进入工作区域。

(5)会议结束后,需征询会务人员及与会人员对饭店的意见,将客人意见记录在会议客人历史档案中,以便更好地为客人提供针对性服务。

三、会见服务

1. 准备工作

(1)配备服务用品。会见厅的服务用品主要包括茶杯、托盘、方巾、镊子、垫碟、烟灰缸、便笺、火柴、圆珠笔或铅笔等。除茶杯外,所有用品应于会见开始前半小时在茶几或长桌上按规格摆放好。

(2)摆放招待用品。会见的招待用品通常有香烟、茶水、冷饮、水果,水果和香烟需在会见前摆放好,茶水或冷饮在客人入座后再送上。根据会见规格不同,招待用品可有所增减。

2. 迎客服务

参加会见的主人先行到达活动现场时,客房服务员要为其上茶。当宾客到达时,利用主人到门口迎接并合影的间隙,客房服务员要迅速地将会见厅用过的茶杯撤去。

3. 会见中服务

（1）宾主入座后，一般两名客房服务员为一组，一名客房服务员给主宾上方巾，另一位客房服务员送茶水或冷饮，杯把朝向客人右手方向，上方巾、茶水时要热情地说"请"。

（2）方巾用后需随即收回，上或撤方巾一律用镊子，不能用手直接接触方巾。

（3）第一次续水应在会见开始后 15 min 进行，以后续水每次间隔 20 min。

（4）会见进行过程中，要注意观察会见厅内的动静，宾主有事招呼时，要随时应承，及时协助处理。

4. 会见后结束工作

会见结束后，客房服务员需对现场进行检查，发现客人遗忘物品要立即与其联系，尽快做到物归原主。如客人已离开，可交主办单位代为转交，但要有转交手续，并填写"物品转交登记表"（见本职业模块培训课程 1 学习单元 3 表 2-3）。

四、会谈服务

1. 准备工作

客房服务员应事先掌握会谈的基本情况，主要包括以下内容。

（1）会谈双方的身份、背景，以及服务要求和招待标准等。

（2）会谈的时间、人数。

（3）是否需要安装扩音器，是否需要放置座位名卡。

（4）如有合影，应事先安排好合影位置。

2. 迎客服务

当主人提前到达活动现场时，客房服务员要迅速为其上茶。宾客到达后，主人到门口迎接时，客房服务员应马上将用过的茶杯撤去。

3. 会谈中服务

（1）宾主来到会议桌前，客房服务员应立即上前拉椅让座；按照先宾后主的原则，为宾主上方巾、茶水。上或撤方巾、倒茶水都要从客人的右后侧进行。

（2）如果参加会谈的人数较多，客房服务员可在宾主到达前将放好茶叶的茶杯事先在会谈桌上摆放好，等宾主到达时，迅速沏茶。

（3）第一次续水应在会谈开始后 15 min 进行，以后续水每次间隔 20 min。会谈开始后约 40 min 送一次方巾。

（4）会谈中间，有时应要求可能需要上一些咖啡、小点心等，此时应将奶罐、糖罐等在每两个座位之间摆放一套，然后再上咖啡。咖啡杯下置一垫碟，碟内放一把小茶匙。

（5）在进行领导人之间的会谈时，客房服务员应尽量减少进出会议室的次数。

4. 会谈后结束工作

会谈结束时，客房服务员应做好告别工作，一般包括为客人开门、按电梯、致告别语等。

操作技能

饮品服务

一、操作步骤

步骤1　征求客人意见

待客人就座后，先征求客人意见："先生/女士，需要用矿泉水或……吗？"（或"先生/女士，您喜欢……还是……？"）根据客人的选择进行服务。

步骤2　倒饮料

（1）用右手拇指、食指、中指捏住水杯靠近杯底的部分，从内侧翻转，轻放在杯垫上，注意杯底外沿与杯垫外沿距离保持均匀。

（2）逆时针方向旋开瓶盖，右手握住矿泉水瓶下半部分，商标朝向客人，向杯内倒入矿泉水，倒至杯子的八成满，然后用左手将瓶盖重新盖上。

步骤3　请客人饮用

将矿泉水瓶放回原处，商标朝向客人，注意瓶底外沿与杯垫外沿距离保持均匀，右手伸向水杯示意客人饮用。

二、注意事项

1. 上饮品时要遵循"七茶八水"的原则，即杯中茶水倒七成满，矿泉水、饮料或酒水倒八成满。

2. 拿放水杯时需拿杯底，切忌用手接触杯口部位及杯子内部。

学习单元3　会议设备使用常识

小型会议使用的设备主要包括投影仪、幕布、计算机等。

一、投影仪使用常识

投影仪又称投影机,有悬挂投影仪(见图2-20)和可移动投影仪(见图2-21)两种。投影仪在饭店日常工作中是使用频率非常高的电子设备,常应用于会议和培训等场合。投影仪的使用寿命取决于灯泡的使用寿命,一般灯泡的最长使用时间为2 000 h,客房服务员在日常工作中要正确使用、保养投影仪,以延长投影仪的使用寿命。

图2-20　悬挂投影仪

图2-21　可移动投影仪

使用投影仪应注意以下事项。

1. 使用投影仪时需远离热源、水、火及潮湿等处。
2. 尽量使用投影仪原装电缆及电线。
3. 非专业人士不得打开投影仪机体自行维修。
4. 在不使用的情况下必须切断投影仪电源。
5. 使用投影仪时,如发现异常情况,应先切断电源。
6. 移动投影仪时需小心谨慎、轻拿轻放,运输投影仪时应妥善包装,并注意防震。
7. 防止投影仪灯泡出现炸裂现象。因为投影仪在工作状态下灯泡的温度会非常高,当突然断电时,风扇就会停止运转,灯泡会因热胀冷缩而炸裂。因此,关闭投影仪后不要立即拔下电源,必须等到风扇停止运转后才能拔下电源。
8. 连接投影仪的计算机必须是安装了正规显卡驱动程序的计算机,这样才能确保投影仪的正常使用。

9. 连接投影仪的计算机的分辨率应低于或等于 1 024 像素 ×768 像素。

二、幕布使用常识

用于会议室的幕布有天花板幕布（见图 2-22）、墙布幕布（见图 2-23）和三脚架幕布（见图 2-24）等。

图 2-22　天花板幕布

图 2-23　墙布幕布

1. 天花板幕布

天花板幕布大多是电动式屏幕，在卷幕的转轴内装有小型电动机，使用简单方便，通过操纵幕布遥控器按钮可慢慢打开幕布，用毕只需按下按钮即可将幕布卷回。天花板幕布价格便宜、平整性好、易保养，幕布由电动机控制，左右两端以相同速度放下，确保幕布不受外力影响而扭曲，具有轻松升降、简易安装的特点，可长时间维持幕布平整性，即使长期使用幕布也不会产生波纹。

图 2-24　三脚架幕布

2. 墙布幕布

墙布幕布是使用墙布或墙纸做幕布。墙布幕布的优点是：易于清洗，脏后用半干抹布轻轻擦拭即可。使用者在演讲时，可以用手触摸墙布，随意指点，有利于提高演讲效果。需要注意的是：用墙布或墙纸做幕布时，墙纸应是浅色、没有图案的，以免影响投影效果。墙布幕布使用极为方便，只需将投影仪打开，然后按下计算机上的投影切换功能键，即可看到投影画面。

3. 三脚架幕布

三脚架幕布采用金属铝制品做外壳，采用支架做支撑，支架结构稳定，架体由合金制成，轻巧美观，安全可靠；幕布外壳高度可随意调节，使画面更加清晰；拆装、移动方便，用途广泛。三脚架幕布是会议和培训的理想设备，其使用方法如下。

（1）用手提起塑胶抽手，把三脚支架按钮往下按，撑开支架，将三脚支架架在地板上，如图2-25所示。

（2）按下固定方管锁片按钮，拉起小方管，放开外壳端盖固定扣，如图2-26所示。

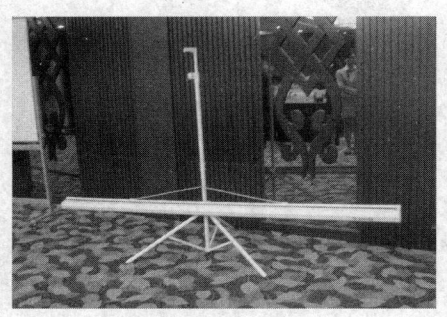

图2-25　三脚架幕布使用（1）

图2-26　三脚架幕布使用（2）

（3）将外壳转到水平位置，把幕布拉杆手环挂在小方管塑胶挂钩上，然后提升小方管让幕布张开到适当位置，如图2-27和图2-28所示。

图2-27　三脚架幕布使用（3）

图2-28　三脚架幕布使用（4）

（4）回收幕布时，按打开幕布的相反顺序操作即可。

（5）摆放三脚架幕布时，幕布的底端到地面最小距离为25 cm，座位距离幕布最近不小于幕布宽度的1倍，最远不超过幕布宽度的6倍。

可移动投影仪的使用

由于投影仪安装方式的不同,多媒体设备的使用操作程序、方法也不尽相同,下面以某一品牌可移动投影仪为例,介绍可移动投影仪的使用方法。

一、操作准备

1. 准备好计算机、投影仪、电源连接线、视频线。
2. 检查计算机、投影仪、电源连接线、视频线的完好性及各功能是否正常。

二、操作步骤

步骤 1　开机操作

(1)将投影仪电源连接线连接好(见图 2-29),将计算机电源连接线连接好。

(2)将视频线一端连接在投影仪上,另一端与计算机连接,如图 2-29 所示。

(3)打开计算机电源开关。

(4)打开投影仪电源开关,如图 2-29 所示。

(5)按住投影仪开机按钮 3 s 再放开(见图 2-30),投影仪即可开机。

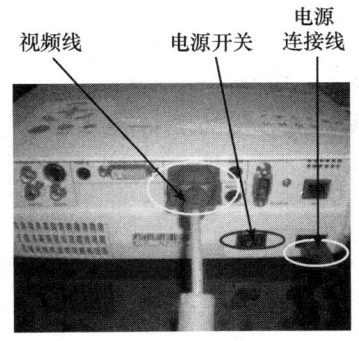

图 2-29　投影仪使用(1)

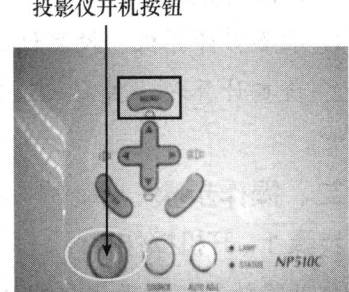

图 2-30　投影仪使用(2)

(6)按下计算机上的投影切换功能键,即可看到投影画面。

(7)投影画面出现后,调节大小旋钮和清晰度旋钮(见图 2-31),以达到最佳效果。

步骤2　关机操作

（1）关闭计算机。

（2）按住投影仪开机按钮3 s再放开（见图2-30），确保投影仪关闭。

（3）将投影仪镜头盖盖好，如图2-32所示。

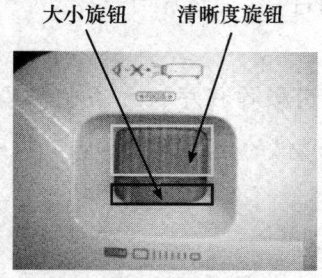
图2-31　投影仪使用（3）

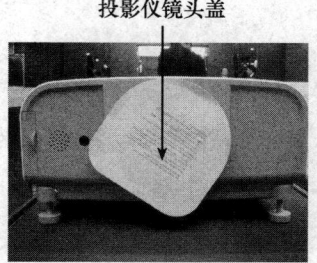
图2-32　投影仪使用（4）

悬挂投影仪的使用

一、操作准备

1. 准备好计算机、投影仪及遥控器、电源连接线、视频线。

2. 检查计算机、投影仪及遥控器、电源连接线、视频线的完好性及各功能是否正常。

二、操作步骤

步骤1　开机操作

（1）将计算机电源连接线连接好。

（2）连接好投影仪的电源连接线和视频线。

（3）打开计算机电源开关。

（4）将遥控器对准投影仪面板上的红外线接收孔，按下遥控器上的"Power"（电源）钮，打开投影仪。注意启动程序约需30 s，此时严禁重复按"Power"钮。此外，严禁突然切断电源，以免损伤机器。

（5）按下计算机上的投影切换功能键，即可看到投影画面。

（6）如果未出现投影画面，可以尝试重启投影仪，再进行投影。

步骤2 关机操作

（1）关闭计算机。

（2）将遥控器对准投影仪面板上的红外线接收孔，按两下"Power"钮，关闭投影仪，等待3 min后，方可安全切断电源。需要注意的是：投影仪关机5 min后才能再次启动。

培训课程 4

特殊情况的处理

学习单元1 "请勿打扰"房的处理

一、"请勿打扰"房的几种情况

房门上挂着"请勿打扰"牌或开启"请勿打扰"灯,通常有以下几种情况。

1. 客人忘记及时取消。
2. 客人外出或已退房。
3. 客人在房,不希望有人打扰。
4. 客人不在房,但也不希望服务员进入。
5. 其他情况。

二、"请勿打扰"房的处理

1. 房门上挂着"请勿打扰"牌或开启"请勿打扰"灯,客房服务员在饭店规定时间(通常是14:00)前不能打扰客人,但可主动将"告示条"(见图2-33)从门缝中塞进客房,以提示客人。

2. 如果房门上一直挂着"请勿打扰"牌或开启"请勿打扰"灯,又未见客人进出客房,通常饭店规定到14:00,客房服务员应向领班汇报,然后由领班或客房中心客房服务员打电话与客人联系。

3. 如客人接听电话,则应询问客人何时可以清扫房间。如果客人谢绝服务,领班需进行记录并向中班客房服务员交班,待晚上客人需要时再为其清扫。如电话无人接听,领班应与客房服务员一起前往客房敲门,确认无人后进入房内,查看房内有无异常。如无异常,退出房间并进行记录。发现客人生病或其他情况,应立即向上级汇报并采取相应措施。

告示条

尊敬的宾客：

非常抱歉，因为下列原因未能及时为您提供清扫 / 夜床服务：

☑门上挂了“请勿打扰”牌

□双锁

□

若您需要，请拨打电话________，我们将随时为您服务。

谢谢！

客房部

图 2–33　告示条

4. 有些饭店根据客源市场的变化和针对性服务的需要，在保证住店客人安全的前提下，正在尝试取消“请勿打扰”房的时间限制。具体做法是：在客房内放置一张由客人自己选择的客房清洁时间表（见表 2–6），客人可根据自己的时间安排选择清洁客房的时间，这样既方便了客人，又能合理地安排清洁服务工作。

表 2–6　客房清洁时间表

尊敬的__________先生（女士）：

您好！我是您的客房服务员 ×××。在您居住期间，如果您对客房清洁时间有特殊要求，请您选择合适时间（只需在选择的时间段内画“√”即可），我将准时为您清洁房间。

谢谢您的合作！祝您居住愉快！

时间 日期	8:00—10:00	10:00—12:00	12:00—14:00	14:00—16:00	16:00—18:00	其他时间	客人签名

典型案例

“请勿打扰”房的处理

一、情景描述

早晨 8:00，某饭店客房部班组例会结束后，客房服务员开始了一天的工作。

他们从工作间里推出了房务工作车，准备开始打扫客房卫生。

客房服务员小张看到608房间门把手上挂着"请勿打扰"牌，就没有清扫，而是先去清扫其他房间。608房间住的是一位女客人。

下午，小张看到608房客人从房间里出来，关上房门乘电梯下楼了。于是，她推着房务工作车来到房间门口准备清扫。这时门把手上还挂着"请勿打扰"牌。小张心想，可能是客人出去时忘记把"请勿打扰"牌取下来了，因为平时客人出去忘记取牌的情况时有发生。于是，小张敲了敲门，确认房间没有客人后，就用工作钥匙把门打开搞起了卫生。

过了一会儿，客人从外面回来，看到自己的房间被清扫过了，马上找到楼层领班，生气地说："我的房间有人来过，为什么？"领班说："是的，客房服务员进去为您打扫房间卫生。"客人手里拿着"请勿打扰"牌，举到领班面前说："我不管客房服务员进来干什么，我先问你，这是什么？这是干什么用的？"领班说："对不起，客房服务员可能以为是您出去时忘记把牌子取下来了。"客人说："你说'以为'不是理由，我在房间门外挂上牌子的目的就是不让别人进去，我的衣服和用品都摆在床上没有收拾，我的私人用品哪能让你们动呢。我的房间你们想进就进，客人在你们面前连隐私都没有了，更不要说安全了。"领班诚恳地向客人表示了歉意，客人的态度才渐渐缓和下来。

二、案例分析

在本案例中，客房服务员小张没有按照工作标准操作。客人挂"请勿打扰"牌或开启"请勿打扰"灯的目的就是要告诉客房服务员"我不让你进我的房间"。小张凭经验主观判断"是客人出去时忘记把牌子取下来了"，原因是以前出现过这样的情况。其实在实际工作中发生这种情况时，应及时上报领班，联系客人后再做清洁。

负责打扫客房卫生的客房服务员，一般都希望早一些对挂"请勿打扰"牌的房间进行清扫，如果到了快要下班的时候再清扫，就有可能耽误下班。这种想法是完全错误的。客房服务员不能只想着如何完成自己的工作，而是要有对客服务的观念，时刻考虑客人的感受。案例中，客人提到自己的衣服和用品没有收拾，其实这正是客人挂"请勿打扰"牌不让客房服务员进房间的主要原因。

在客房清扫中还有另外一种情况，就是客人放在房间的物品或者文件资料较多，为了防止客房服务员打扫房间卫生时弄乱，所以在外出时也会把"请勿打扰"牌挂在门上，不希望客房服务员进入。

学习单元 2　客人报失事件的处理

一、客人报失的类型

客人报失的类型一般可分为两种：一是财物被盗，二是财物遗失或者疑似遗失。

二、客人报失的处理

1. 如有客人报失，相关人员要保持冷静，认真听取客人反映的情况，不做任何结论性的意见或说一些否定性语言，以免给日后处理带来麻烦和困难。

2. 根据客人提供的线索，分析是否确实被盗，并及时将情况报告给上级和保安部门。

3. 查清事情经过及损失程度，了解以下情况。

（1）客人的基本情况。

（2）失物外观及辨认特征。

（3）客人是否在房间接待过一些朋友或访客。

（4）客人有无怀疑何人及理由。

（5）失物价值及是否购买保险。

4. 请客人自己再仔细回忆和查找一遍。

5. 如果仍未找到，征得客人同意后，在客人亲临现场的情况下，帮助客人再做一次详细查找。

6. 征询客人是否要求向公安机关报案，并认真记录，最后让客人签字；或要求客人写一份详细的报失经过。

7. 对有关饭店人员进行调查。如果被盗财物涉及某一服务人员，在未掌握确凿证据之前，管理人员不可妄下结论，也不可盲目相信客人的陈述，以免伤害服务人员的自尊心，要坚持内紧外松的原则，细心查找。

8. 做好有关材料的记录和存档工作，需要记录的主要内容如下。

（1）客人的姓名、年龄、性别、国籍、职业、职务、来本地目的、抵离店日期和具体时间、离店去向等。

（2）丢失物品的时间，最后见到丢失物品的时间。

（3）丢失物品的地点、位置。

（4）丢失物品的名称、种类、型号、数量、特征、新旧程度、特殊标记、有无上保险等。

（5）丢失前是否有人来过房间，如亲朋探望、清扫房间、工程维修、洗送衣物等情况。客人有无怀疑的具体对象、怀疑的依据等。

（6）客人有何要求，如开具丢失证明或要求饭店赔偿等。

（7）处理结果。

鳄鱼皮钱夹"丢了"

一、情景描述

某饭店，客房部黄领班上中班。20:00，客房中心客房服务员打来电话汇报：住在1608房间的客人打来电话报失，说她晚上回到房间后，发现房间内的一个放有6只鳄鱼皮钱夹的背包不见了，怀疑是被客房服务员偷走了。

黄领班听了汇报，马上与保卫部取得了联系，随后和保卫部经理一起来到了1608房间，向客人了解情况。客人是一位女士，姓蔡，刚从泰国回来，鳄鱼皮制品是泰国的特产，又是高档货，蔡女士买了6只鳄鱼皮钱夹，准备回来当作礼品送给朋友。蔡女士在北京停留几天顺便看看在北京寄宿学校上学的儿子。蔡女士说，儿子这两天没住在学校，和她住在一起，早晨就出去上学了，还没回来。鳄鱼皮钱夹就放在一个背包里，下午只有客房服务员进过她的房间，除了客房服务员拿没有别人。

见蔡女士这样急又这样肯定是客房服务员干的，黄领班和保卫部经理告诉客人，饭店有严格的工作程序和要求。如果是客房服务员所为，一定会查出；如果不是客房服务员，店方也会尽力协助客人查找，但在查清楚前是不能下结论的。

黄领班随后查看了客房服务员清扫房间的工作单和带班领班的查房记录，又与白天打扫客房卫生的客房服务员和带班领班取得了联系，了解了相关情况。从工作记录和客房服务员的叙述中都没有发现什么疑点，清扫和检查房间的时间都是在下午蔡女士出去之后。客房服务员和带班领班都说没有看到蔡女士的钱夹，可蔡女士依然咬定钱夹是客房服务员偷走了。

这时，蔡女士的儿子从外面回来了，身上背着一个背包，蔡女士看到背包，拿过来打开一看，6只鳄鱼皮钱夹全在里面。原来是蔡女士的儿子早晨出门时拿错了背包，蔡女士没有发现。

事情弄清楚了，蔡女士很羞愧，由于自己儿子拿错了背包，给饭店和客房服务员带来了那么大的麻烦，蔡女士还拿出了500元钱表示歉意，希望能够得到客房服务员的谅解。黄领班对蔡女士说："没关系，工作是我们应该做的，只要东西找到了就好。"

二、案例分析

客人在住店期间丢失了东西，在心情焦急的情况下，往往会怀疑客房服务员，对饭店有一种抱怨情绪。遇到这类情况，饭店员工一定要正确对待，冷静处理。

本案例中，黄领班处理蔡女士的报失事件比较妥当。在蔡女士得知是自己的儿子拿错了背包后，对自己开始一口咬定是客房服务员偷了钱夹的做法表示了愧疚，但饭店也没有责怪客人，认为协助客人调查是自己应做的工作。案例说明：遇到客人报失事件，一定要耐心细致，认真处理，寻找原因，及时给客人一个满意的答复。

学习单元3　客人要求开门的处理

一、客人要求帮助打开房门的情形及其处理

为保障客人的入住安全，客房服务员遇到客人要求代为打开房门时，应严格执行饭店开门服务程序。客人要求开门有不同的情形，必须按照不同程序进行处理。

1. 情况1：当客人在房门前用房卡打不开房门时的处理

（1）上前问好，征询是否需要帮助。

（2）客房服务员使用客人的钥匙卡快速帮客人打开房门，并告知客人使用钥匙卡的方法。

（3）如果用客人的卡开门，门锁总是显示红灯，说明钥匙异常。这时应委婉地请客人去前台办理换卡手续或让客人出示入住时的登记证件，使用就近电话与

客房中心核对客人身份。如证件与登记信息一致，即可快速为客人开门，并感谢客人的配合；如证件与登记信息不一致，则不能为客人开门，并委婉地告知客人证件与房间登记信息不符，为了客人的财产安全不能代为开门，请客人谅解。

2. **情况 2：当客人在楼层无房卡要求客房服务员开门时的处理**

（1）微笑上前，问候客人。

（2）请客人出示入住时的登记证件以便核对身份（如能百分百确认是住客，应立即为其开门）。

（3）客人出示证件后，使用就近电话与客房中心核对客人的身份。如证件与登记信息一致，即可快速为客人开门，并感谢客人的配合；如证件与登记信息不一致，则不能为客人开门，并委婉地告知客人证件与房间登记信息不符，为了客人的财产安全，请客人谅解。

3. **情况 3：正在清扫住客房时客人回房的处理**

（1）请客人出示房卡及钥匙卡，如两者齐全，请客人进房（如能百分百确认是住客，应立即让其进房）。

（2）在只有钥匙卡没有房卡的情况下，请客人报出姓名进行核对，姓名与登记信息一致的还应检验客人的钥匙卡是否可以开门，再次确认客人的身份，并感谢客人的配合。

4. **情况 4：接到客房中心或者总台电话，通知帮客人开门的处理**

（1）确认客人姓名、房号及证件号码。

（2）委婉地请客人说出房间内的物品，如果客人可以详细地描述出房内自己物品的摆放，便可打开房门查看，核查属实方可请客人进入。如果房内物品的摆放与客人描述的不相吻合，则不能让客人进入，并向客人说明为保障入住安全，请客人理解。

5. **情况 5：醉酒客人在楼层需要开门时的处理**

（1）对醉酒客人更应坚持核对原则。

（2）坚持按情况 2 的程序进行处理。

（3）如果客人情绪暴躁，客房服务员应立即报告客房中心、当班主管，向大堂经理或值班经理寻求帮助。

二、注意事项

1. 不得给陌生人开房。

2. 所有要求代开房门的客人必须核对身份信息，确认无误后方可开门。
3. 只有当百分百确认客人是该房住客时，客房服务员才能为客人打开房门。
4. 所有代开房门处理结束后必须在工作表上记录开门的时间等信息。
5. 要使用规范服务用语进行服务，对客人做好耐心解释。
6. 要注意语言技巧，多使用礼貌用语，灵活应对客人。
7. 对于不配合的客人，应立即向上级汇报，请求帮助。

典型案例

客房被盗了

一、情景描述

住在某饭店412房的刘小姐看到隔壁413房间的客人衣着光鲜、穿戴时尚，遂起歹意。当她看到并确认该房客人离开房间，房内无人后，就佯装成413的客人，站在413门口给客房中心打电话，要求客房服务员送一瓶开水到413房。客房服务员很快将水送到413房，见刘小姐站在门口，就将水瓶递给她，刘小姐谎称，房卡忘带出来，请客房服务员开一下门。该客房服务员见状就为刘小姐打开413房间的房门，然后离去。刘小姐进房后，立即将房内客人的手提电脑等物品偷走，并马上到总台办理了退房手续。413房客人回来后，发现自己的手提电脑不见了，便打电话问是否有人进他房间，客房中心告知曾有一位小姐说413房要开水，该住客立即明白他的物品已经被偷走，强烈要求饭店承担责任。

二、案例分析

乍看起来，这类骗术不好防，客房服务员看似很无辜。那么，如何避免本案例类似的情况发生呢？

一是要记住每一位入住客人的外貌和房号。客房服务员需要训练自己迅速熟记每一位入住客人外貌特征和房号的本领，这是干好本职工作的要求。而进一步记住客人的姓名甚至偏好，这是个性化优质服务的要求。本案例中的客房服务员如果做到了这些，那么刘小姐的骗术就会立马穿帮。

二是要提高识别判断能力。服务工作要用心还要用脑，本案例中的客房服务员工作很热情，客人提出的送水要求，马上予以满足，而且很热心，客人提出要她帮助打开房门的额外要求，她也不假思索地照办。而正是这份热心，好心办了坏事。这说明有时工作光热心还不够，还要用脑，也就是遇事要有起码的判断，不能客人要求什么就做什么。如果这位客房服务员当时稍微判断一下，想想通常给客人送开水时，哪有客人站在门外等的，而且客人还被反锁在门外。急客人所急是对的，但也要想"客人所想"，及时察觉客人的真实意图，才能防止上当受骗。

三是要健全和落实客房钥匙（钥匙卡）管理制度。客人要求开门时，根据不同情形，严格按照饭店相关制度、工作程序进行。核对要求开门客人的姓名、证件号码等信息无误后，方可以给客人开门，这是从根本上杜绝此类问题发生的关键。

学习单元4　客人携带违禁品的处理

一、违禁品的种类

住客携带的违禁品常见的有大功率电器，宠物，易燃易爆、腐蚀性、放射性物品，毒品、枪支弹药等。

二、违禁物品的处理

1. 携带大功率电器的处理

大功率电器通常是指功率在1 200 W（瓦）以上的电器，客房常见的有电磁炉、热得快、取暖器等。由于其功率大，会引起短路导致火灾。处理要求如下。

（1）一经发现，劝阻客人使用，并请客人将该电器暂交饭店保管，离店时返还；同时将此情况汇报上级。

（2）告知客人其危害性。

（3）加强巡视，避免事故发生。

2. 携带宠物的处理

（1）从源头抓起，杜绝客人带宠物进客房。

（2）一经发现，应劝说客人将宠物送临时寄养场所。

（3）做好客房清洁消毒工作。

（4）做好客房棉织品的消毒工作。

3. 携带易燃易爆、腐蚀性、放射性物品，毒品、枪支弹药等的处理

（1）在房间内发现客人私自携带上述违禁品，必须及时上报部门经理。

（2）由部门经理向当日值班经理汇报。

（3）值班经理现场核实，确认违禁品后向当地公安机关报告。

（4）同时控制人和物，等待公安机关处理，避免危险品扩散或发生意外事故。

（5）值班经理应当及时处理，避免事态扩散。

（6）即使客人携带的违禁品是获得批准的，也应要求客人在饭店外的区域存放，禁止带入饭店，以防出现意外。

钱包不见了？

一、情景描述

某饭店住5301房的客人向客房服务员反映自己的钱包不见了，客房服务员立即帮客人查找。在与客人沟通时，客房服务员发现客人语言表达不畅，思维混乱，当即将情况上报主管。主管进房查看后发现房间有吸食笑气的迹象，立即上报保安部和大堂经理。经保安部人员调查后分析，此房客人反映钱包不见了，又无法正常沟通，可能是吸食笑气引发的幻觉，要求客房楼层做好此房客人的关注和后续跟踪工作。后客人至离店未再反映钱包遗失。

二、案例分析

笑气学名一氧化二氮，在我国被列入《危险化学品目录》。笑气并不会让人发笑，而是令人脸部肌肉失控，形成一个诡异的痴呆笑容，因此才被称为笑气。过量吸食笑气会引发人体思维混乱、精神失常，甚至造成死亡，危害很大。此案例中客人反映钱包不见了，又无法正常沟通，经保安部判断可能是吸食笑气引起的后果。

客房服务员发现房间有吸食笑气的现象，需立即拍照留存并上报经理和客房中心。客房中心需上报保安部和大堂经理。对在住的客人，客房内应放置"提示卡"，做好交班工作，注意关注该房间。对离店退房的客人，检查好房间的设备设施，如有损坏立即上报赔偿。此外还需要做好客史档案。

学习单元5 客房争吵、打架情况的处理

一、客人在房内争吵、打架处理

1. 立即上门查看情况，属于范围内可控制的，立即友善提醒客人。
2. 如客人不听劝阻或事态较严重，立即报告大堂经理及安全部门。
3. 将双方客人劝离现场
（1）本店住客。委婉加以劝阻，避免影响楼层其他客人。
（2）非住店客人。劝其立即离开。
4. 密切关注事态发展，做好交接班记录。
5. 在适当的时候检查客房，发现设备或物品有损坏的，应及时通知大堂经理，向客人进行索赔。

二、注意事项

客房服务员提醒客人时要注意方式方法，善用语言沟通技巧。如果客人不听劝阻或事态比较严重，立即上报，以免事态恶化。

典型案例

客人在客房内吵架

一、情景描述

某饭店2016房间客人投诉2017房间昨晚噪声比较大，今天还是这样。接到通知后，客房服务员马上到2017房门口查看，发现房间内夫妻在吵架，女士哭声比较大，无厮打和摔东西的声音。客房服务员觉得此时敲门不妥，就通过打电话方式委婉地告诉客人，他们的争吵干扰了楼层其他客人的休息，建议协商事情时声音小一些。

二、案例分析

1. 因房间隔音欠佳，接到客人投诉噪声时，客房服务员应马上去查看，辨别

客人声音是在争吵还是大声说话,委婉地加以劝阻或者提醒,以免影响其他客人。

2. 根据声音类型采取不同方法

(1)有打闹声或电视声音过大,应善意提醒客人降低音量。

(2)有吵闹声和哭泣声,应报告前厅部经理调解处理,客房服务员应关注该房动态。

(3)有撞击声,应判断是打架还是摔东西,并立即上报安全部门负责人到现场了解情况,负责调解处理,避免客人在客房内出现安全状况。

学习单元 6　报警处理

一、火情报警处理

无论任何时候、任何地点发生火情,饭店每一名员工都有责任报警。

1. 一旦楼层有客房发生火情,当班客房服务员必须冷静,迅速拨通饭店消防中心电话报警,并讲明起火位置及房号、燃烧物、火势、有无人员伤亡、报警者的姓名及工号等情况。

2. 及时呼叫周围同事协助救火。如电器或电线起火,应先切断该区域或该房间的电源,并将周围可燃物及贵重物品搬离,然后到洗手间拿湿毛巾或将湿被褥及时覆盖初起的火苗,取就近的灭火器材将火扑灭。

3. 如果火势过大无法扑救,应马上关闭门窗,离房,呼叫周围同事,配合赶来的消防中心人员和保安人员关闭楼层电源,迅速打开消火栓,拉出水管将水射向起火点,扑灭大火。

4. 如果火势继续扩大蔓延,不能控制,饭店最高火情指挥人员决定要疏散客人时,客房服务员要逐个房间通知客人。客人离开房间后,客房服务员要组织客人有秩序地沿消防楼梯疏散到由值班经理和客房部经理指定的安全地点。

二、案情报警处理

在饭店内一旦发生了抢劫、绑架、凶杀等重特大刑事案件,饭店员工必须迅速报警。

1. 饭店员工在发现案情时,不要惊慌失措,应沉着冷静,就近用电话向总机和监控室报警。

2. 报警时应将案发时间、地点、区域、楼层房号、人数及简要情况等报告清楚，并告知报警者的姓名、工号及所在部门。

3. 总机和监控室值班员应迅速准确地记录案情信息，并立即报告保卫部经理、客务经理和工程部值班人员。

4. 由保卫部经理、客务经理和工程部值班人员立即组成调查、甄别、确认小组，赶赴现场查清相关情况。

三、爆炸及可疑爆炸物报警处理

饭店员工在饭店内遇爆炸或发现可疑爆炸物，必须迅速报警。

1. 发现者应立即通知总机和监控室，清晰地讲明发生爆炸或发现可疑爆炸物的时间、区域部位和详细情况，以及报警者的姓名、工号及所在部门。切记不可轻易触动可疑爆炸物，应尽可能保护和控制现场。

2. 总机和监控室值班员接到报警后，应详细记录报警者的姓名及所在部门，发生爆炸或发现可疑爆炸物的时间、区域部位等情况，并立即呼叫下列人员赶赴现场，呼叫时要简明扼要地将发生的情况、时间、地点等讲清楚。

（1）保卫部经理、工程部经理、客务经理。

（2）总经理、副总经理、夜班经理。

（3）发生爆炸或发现可疑爆炸物区域所属部门的总监、经理。

（4）医务室人员、司机班人员。

3. 各部门人员到场后，做好以下工作。

（1）总经理应立即组成临时指挥部，根据各部门汇报的情况，组织、指挥、协调各项工作，统一下达指令，采取有力措施进行抢救，布置有关部门做好善后工作。

（2）保卫部按总经理指令立即向公安机关报警并迅速组织人员，布置以爆炸现场或可疑爆炸物为中心的警戒线，控制现场；待公安专业人员到达现场后，保卫部应听从公安专业人员指挥，配合做好工作；随时将现场情况报告总经理。如有人员伤亡，应及时与急救中心联系，做好抢救伤员的准备工作。

（3）立即关闭现场附近由于爆炸可能引起恶性事故的电器设备，指派专人坚守消防泵房和配电房，按总经理指令随时应对紧急情况。

（4）前厅部、客房部负责向客人解释发生的情况，做好安抚客人情绪的工作，需要时按指令组织、引导，将客人疏散到安全区域。

（5）饭店义务消防队集结待命，按总经理指令转移现场附近的助燃物和贵重物品。

（6）饭店全体人员遇爆炸或发现可疑爆炸物时，应该沉着冷静，及时报警，不要轻易接近和移动可疑爆炸物，听从指挥，服从安排，坚守岗位，配合专业人员排除险情。

典型案例

工作间着火了

一、情景描述

一天上午，在某饭店19楼上班的客房服务员小袁，突然闻到一股烧焦的味道，并隐隐约约听到燃烧的响声。味道和响声好像就是从旁边的工作间内发出的，小袁立即打开工作间房门，发现刚刚推进来不久的房务工作车垃圾袋着火了。小袁见此情形，很是惊慌，但她立即想到前几天刚参加的消防培训，发生火情要向消防监控室报警，还应采取措施灭火。小袁先立即拨通了消防监控室的电话，说明情况，然后拿起旁边的灭火器进行扑救。由于火情发现早，火势不大，并且采取的扑救措施及时，房务工作车内的火情很快被扑灭。

按照饭店消防有关规定，保卫部主管、大堂副理、工程部经理接到火灾报警通知后，均第一时间赶到19楼现场。见火已扑灭，相关人员立即通知客房部当值人员清理现场，并调查事故原因。经查，当事人小袁回忆称自己清理房间非常仔细，当时并未发现遗留火种。后查看监控录像发现，原来小袁在清扫1907房间时，房务工作车停在门外，这时正好一位客人叼着一支烟路过，顺手将未熄灭的烟头扔进了房务工作车垃圾袋内，引发火情。

事后，保卫部特就此事发出了火警通报，告诫员工在工作时间内，在自身注意火情的同时，还要随时提醒客人切勿乱扔烟头。

二、案例分析

每一次火灾事故的发生，都离不开疏忽大意。从此次事故可以看出事故的原因一方面是客人不经意地将烟头扔进房务工作车垃圾袋内，但他并未想到会因此引发一起火灾；另一方面是客房服务员小袁清扫完房间后没有及时处理房务工作车内的垃圾,而是将垃圾推回了工作间。所幸,小袁并未离开该楼层,发现火情及时并处理得当,制止了一场大型火灾事故的发生。

消防工作要从每一个人做起,饭店的每一名员工要加强消防意识,时刻保持警惕。另外,客房服务员需提醒每一位客人注意防火。

职业模块 ③ 客用品管理

培训课程1　楼层库房管理
　　学习单元1　楼层库房物品的保管
　　学习单元2　楼层库房物品的盘点
　　学习单元3　楼层库房物品的报损

培训课程2　客用品的配备与领发
　　学习单元1　客用品的配备
　　学习单元2　客用品的领发

培训课程 1

楼层库房管理

学习单元1　楼层库房物品的保管

客房每一楼层通常设有一个工作间，存放客房客用物品、清洁器具及用品等，又称楼层库房。楼层库房物品需妥善保管。

一、楼层库房良好的库存条件

1. 保持清洁、整齐、干燥

晴好天气应注意开门、开窗通风，必要时可以使用抽湿机以保持库房内的干燥。

2. 备有货架及储物柜

货架应采用开放式，货架与货架之间要有一定的间距，以利通风。

3. 加强楼层库房安全管理

做到"四防"，即防火、防盗、防鼠疫虫蛀、防霉变；库房严禁烟火；库房门及储物柜平时应上锁，避免闲杂人员进入库房。

二、划分区域，分区存放

楼层库房（见图3-1）空间通常较为狭小，物品又较多，因此需合理划分区域。

1. 布草分类存放在货架上（见图3-2）或储物柜中。如存放在货架上，需用帘子遮挡，做好防灰防尘工作。

2. 小件物品存放时应避免受重压（见图3-3），液体瓶装物品如洗发液、饮料等不能倒置或横放。

3. 小推车、吸尘器、清洁用具等应固定摆放位置并妥善存放，如图3-4至图3-6所示。

图3-1 楼层库房（工作间）

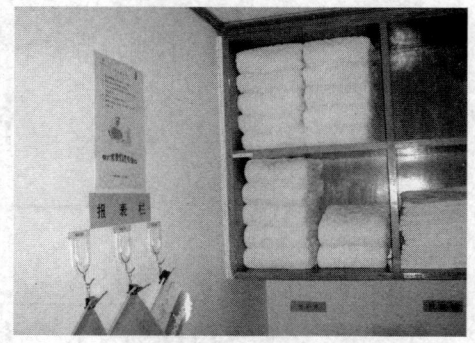

图3-2 布草存放在货架上

图3-3 小件物品的存放

图3-4 小推车的存放

图3-5 吸尘器的存放

图3-6 清洁用具的存放

4. 折叠床（加床）存放时需用布罩罩好，防止污染，如图 3-7 所示。

5. 一些价格较贵的物品应存放在储物柜中，并需上锁，如图 3-8 所示。

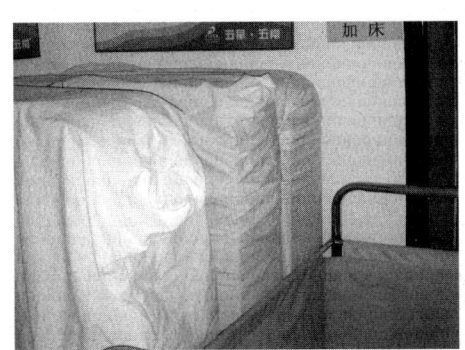

图 3-7　折叠床（加床）的存放

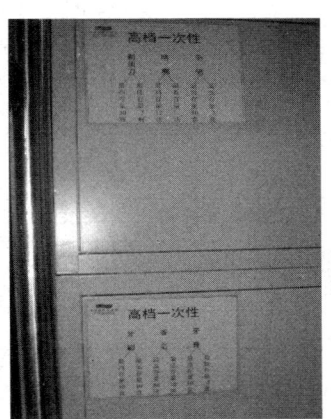

图 3-8　储物柜

三、制定合理的库存量

1. 楼层库房客用消耗物品如梳子、洗发液、拖鞋等的配备通常以一周使用量为宜。

2. 对客用固定物品如衣架、烟灰缸、杯具等，应根据各楼层的客房数量及客情等具体情况确定合理的数量标准。

3. 配备物品的品种、数量等需用卡片或表格标明，并贴在库房内，以供盘点和申领时对照，参见表 3-1。为方便员工对照，可以在物品货架或储物柜上用标签标明最高存量及最低存量，如图 3-9 至图 3-12 所示。

4. 库房领发物品应遵循"先进先出、后进后出"的原则。

表 3-1　楼层库房（工作间）物品配备存量表

＿＿＿＿＿楼层

序号	物品名称	单位	最高存量	最低存量	序号	物品名称	单位	最高存量	最低存量
1	茶叶（红茶）	袋			5	针线包	个		
2	茶叶（绿茶）	袋			6	火柴	盒		
3	便笺夹	个			7	行李贴	张		
4	圆珠笔	支			8	面巾纸	盒		

续表

序号	物品名称	单位	最高存量	最低存量	序号	物品名称	单位	最高存量	最低存量
9	信纸	张			32	衣架（内衣架）	个		
10	信封（普通）	个			33	衣架（裙、裤架）	个		
11	便笺纸	张			34	鞋拔子	个		
12	便笺笔	支			35	衣刷	把		
13	介绍册/价目表	张			36	擦鞋篮	只		
14	明信片	张			37	文具夹	个		
15	洗衣单（水洗）	张			38	茶盘	个		
16	干洗及熨衣单	张			39	茶杯	个		
17	房间酒水单	本			40	茶叶盅	个		
18	拖鞋	双			41	水杯	个		
19	客房送餐牌	张			42	烟灰缸	个		
20	服务指南	本			43	肥皂碟	个		
21	"请勿打扰"牌	个			44	床单（单人床）	条		
22	客人意见书	份			45	床单（双人床）	条		
23	洗发液	瓶			46	被套（单人床）	个		
24	沐浴液	瓶			47	被套（双人床）	个		
25	护发素	瓶			48	枕套	对		
26	香皂	块			49	枕芯	个		
27	厕纸	卷			50	小方巾	条		
28	剃须刀	把			51	洗脸巾	条		
29	牙具	套			52	小浴巾	条		
30	润肤露	瓶			53	大浴巾	条		
31	衣架（外套架）	个			54	地巾	条		

主管（签名）：_____

图 3-9　楼层库房物品货架标签（1）

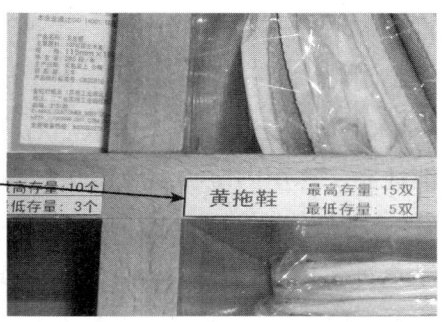
图 3-10　楼层库房物品货架标签（2）

图 3-11　楼层库房物品货架标签（3）

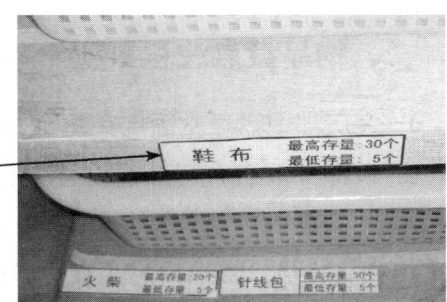
图 3-12　楼层库房物品货架标签（4）

四、定期盘点

为加强楼层库房物品的管理，需定期对库房物品进行盘点，具体内容见本培训课程学习单元 2。

学习单元 2　楼层库房物品的盘点

一、物品盘点知识

饭店盘点通常分为大盘、中盘和小盘。

1. 大盘

大盘每半年或一年进行一次，主要是对饭店固定资产进行盘点，涉及各个部门，由饭店统一安排，由财务部及工程部协助完成。财务部主要负责固定资产的核查工作，工程部主要负责设备设施的检修工作。大盘通常安排在旅游淡季进行。

2. 中盘

中盘每月进行一次，由饭店各个部门负责，主要是对部门内的物品（包括客用消耗品、客用固定物品及清洁物料）进行盘点。

3. 小盘

小盘每周进行一次，通常在客房部、餐饮部及其他经营部门内部进行，由部门相关班组负责，主要盘点各个班组的物品（包括客用消耗品、客用固定物品及清洁物料）。

二、物品盘点注意事项

1. 客房部中盘通常固定在每个月的某一天，小盘通常固定在每周的某一天。

2. 大部分饭店客房部都设有中心库房，负责从饭店总库房领取、储存、发放客房部所需物品。客房部中盘由中心库房提前通知楼层库房、洗衣房、公共区域等班组相关人员。楼层库房小盘由各楼层领班负责。

3. 盘点时物品不能有领取、发放等流动性操作。

下面提供某饭店布草盘点标准及程序，供学习参考。

某饭店布草盘点标准及程序

一、标准

1. 准确掌握布草数量，及时补充。
2. 了解布草使用情况，量化管理，有效控制成本。

二、操作步骤

1. 预先通知布草房、洗衣房、楼层做好准备。

2. 客房部实地清点本部门区域内的所有棉织品，包括工作间、房务工作车、洗衣房及布草房所有货架上干净的和脏的棉织品。盘点期间，布草房派人到棉织品使用部门抽查核对。

3. 盘点时需停止布草的流动性操作，防止漏盘和重盘。

4. 将清点后的结果报布草房。

5. 布草房统计盘点数据，将统计结果填写在"客房布草盘点表"（见表3-2）上，并进行分析。

表 3-2　客房布草盘点表

日期：　　　　　　　　　　　　　　　　　　　　　　　　　填表人：

品名	额定数量	客房		楼层工作间		洗衣房		布草房		盘点总数	报废数量	补充数量	差额总数	备注
		定额	实盘	定额	实盘	定额	实盘	定额	实盘					

主管（签名）：_____

三、注意事项

1. 布草盘点期间禁止更换和运送布草。
2. 所有盘点数字必须由点数人签名确认。
3. 盘点表需填写清楚，不得涂改原始记录。

操作技能

楼层库房物品盘点操作

一、操作准备

1. 客房部每月中盘时，需对客房部中心库房、各楼层库房等进行盘点。
2. 中心库房员工需将物品归位，分类码放。
3. 由中心库房员工提前一天通知各楼层库房，停止对楼层客用品的发放（特殊情况除外）。

二、操作步骤

步骤1　点数

各楼层库房（工作间）由楼层服务员或楼层领班负责清点，中心库房由库房员工负责清点。

步骤2　统计

对"楼层每周客用消耗品汇总表"（见表3-3）进行统计汇总。分别统计出本月楼层申领的各类物品数量，主要包括客用消耗品领用总数、客用固定物品领用总数、楼层酒水食品领用总数。

表3-3　楼层每周客用消耗品汇总表

日期：　　　　　　　　　　　　　　　　　　　　　　　　　　填表人：

名称＼楼层	单位	3F	4F	5F	6F	7F	8F	9F	10F	11F	12F	总数
茶叶（红茶）	袋	40	40	40	40	30	30	30	25	25	30	330
茶叶（绿茶）	袋	60	60	60	60	50	50	50	40	40	30	500
便笺夹	个											
圆珠笔	支											
针线包	个											
火柴	盒											
行李贴	张											
面巾纸	盒											
信纸	张											
信封（普通）	个											
便笺纸	张											
便笺笔	支											
介绍册/价目表	张											
明信片	张											
洗衣单（水洗）	张											
干洗及熨衣单	张											
房间酒水单	本											
拖鞋	双											
客房送餐牌	张											
服务指南	本											

续表

名称＼楼层	单位	3F	4F	5F	6F	7F	8F	9F	10F	11F	12F	总数
"请勿打扰"牌	个											
客人意见书	份											
洗发液	瓶											
沐浴液	瓶											
护发素	瓶											
香皂	块											
厕纸	卷											
剃须刀	把											
牙具	套											
润肤露	瓶											

主管（签名）：_____

步骤3　填写相关报表

（1）将上月库存数量与本月领取数量填写在相关表单内，主要包括"楼层库房客用消耗品盘存表"（见表3-4）、"楼层库房客用固定物品盘存表"（见表3-5）。

（2）根据物品的分类，填写相关时段及品类物资的"物资消耗分析表"（见表3-6）。

表3-4　楼层库房客用消耗品盘存表

日期：　　　　　　　　　　　　　　　　　　　　　　　　　　填表人：

物品名称	单位	上月库存	本月领取	本月消耗	本月库存	下月需求	备注
茶叶（红茶）	袋	50	1 300	1 261	89	1 500	
茶叶（绿茶）	袋	64	1 900	1 879	85	2 200	
便笺夹	个						
圆珠笔	支						
针线包	个						
火柴	盒						
行李贴	张						
面巾纸	盒						
信纸	张						
信封（普通）	个						

续表

物品名称	单位	上月库存	本月领取	本月消耗	本月库存	下月需求	备注
便笺纸	张						
便笺笔	支						
介绍册/价目表	张						
明信片	张						
洗衣单（水洗）	张						
干洗及熨衣单	张						
房间酒水单	本						
拖鞋	双						
客房送餐牌	张						
服务指南	本						
"请勿打扰"牌	个						
客人意见书	份						
洗发液	瓶						
沐浴液	瓶						
护发素	瓶						
香皂	块						
厕纸	卷						
剃须刀	把						
牙具	套						
润肤露	瓶						

主管（签名）：_____

表3-5 楼层库房客用固定物品盘存表

日期：　　　　　　　　　　　　　　　　　　　　　　　　填表人：

物品名称	单位	上月库存	本月领取	本月消耗	本月库存	下月需求	备注
衣架（外套架）	个	5	—	1	4	1	
衣架（内衣架）	个	5					
衣架（裙、裤架）	个	5					
鞋拔子	个	10	—				
衣刷	把	10	—				
擦鞋篮	只	2	—				

续表

物品名称	单位	上月库存	本月领取	本月消耗	本月库存	下月需求	备注
文具夹	个	2	—	—	—	—	
茶盘	个	2	—	—	—	—	
茶杯	个	20	—	10	10	10	
茶叶盅	个	5	—	—	—	—	
水杯	个						
烟灰缸	个						
肥皂碟	个						
小方巾	条						
小浴巾	条						
大浴巾	条						
洗脸巾	条						
地巾	条						
床单	条						
枕套	对						
被套	个						

主管（签名）：_____

表3-6　3月客用消耗品类物资消耗分析表

日期：4月1日　　　　　　　　　　　　　　　　　　　　　填表人：

物品名称	单位	单价（元）	上月消耗		本月消耗		与上月相比	
			数量	金额（元）	数量	金额（元）	数量	金额（元）
茶叶（红茶）	袋	0.50	1 135	567.5	1 261	630.5	126	63
茶叶（绿茶）	袋	0.50	1 782	891	1 879	939.5	97	48.5
便笺夹	个							
圆珠笔	支							
针线包	个							
火柴	盒							
行李贴	张							
面巾纸	盒							
信纸	张							

续表

物品名称	单位	单价（元）	上月消耗		本月消耗		与上月相比	
			数量	金额（元）	数量	金额（元）	数量	金额（元）
信封（普通）	个							
便笺纸	张							
便笺笔	支							
介绍册/价目表	张							
明信片	张							
洗衣单（水洗）	张							
干洗及熨衣单	张							
房间酒水单	本							
拖鞋	双							
客房送餐牌	张							
服务指南	本							
"请勿打扰"牌	个							
客人意见书	份							
洗发液	瓶							
沐浴液	瓶							
护发素	瓶							
香皂	块							
厕纸	卷							
剃须刀	把							
牙具	套							
润肤露	瓶							
合计									

消耗总额			住客率			平均每间客房消耗额		
上月	本月	与上月相比	上月	本月	与上月相比	上月	本月	与上月相比

备注	

主管（签名）：_____

步骤 4　分析

客房部管理人员需对各种数据进行分析对比,发现问题应找出原因并及时处理。

学习单元 3　楼层库房物品的报损

一、楼层库房物品报损条件

在楼层库房物品管理工作中,难免会遇到库存物品报损、报废的情况。对于这些物品,应该提出报损申请,审批后对报损物品进行登记与处理。本学习单元以客用固定物品为例,介绍物品报损条件。客用固定物品在下列情况下可以申请报损。

1. 客用品破损或被客人带走。
2. 已到使用年限。
3. 统一调换新品种、新规格。

二、楼层库房物品报损程序

物品报损通常由楼层领班提出申请,并填写"物品报损申请单"(见表3-7),交由客房部经理审批。

表 3-7　物品报损申请单

申请部门		申请日期		申请人	
物品名称		数量		价值	
报损原因					
处理意见					
审批人(签名)			审批日期		

下面以客房布草为例,介绍楼层库房物品报损程序。

1. 提出申请

通常由布草房主管核对需报损的布草,并填写"物品报损申请单"。

2. 审批

布草的报损由客房部经理或洗衣房经理审批。

3. 报废布草的处理

报废布草应洗净并做上标记,捆扎好集中存放。

4. 报废布草的再利用

报废布草如果可以再利用,可由布草房缝纫加工,改制成其他用品,如报废的床单可改做洗衣袋、婴儿床单等,报废的毛巾可用做抹布(需做明显的标记)。

培训课程 2　客用品的配备与领发

学习单元1　客用品的配备

一、客房客用品的种类

1. 按消耗形式分类

（1）一次性消耗品，如茶叶、信纸、信封、牙具、香皂、梳子等。

（2）多次性消耗品，如布草、衣架、烟灰缸、杯具等。

2. 按供应形式分类

（1）客用消耗品，指客人可以带离饭店的物品，包括香皂、洗衣袋、礼品袋、鞋擦、一次性拖鞋、沐浴液、洗发液、牙具、淋浴帽、梳子、火柴、面巾纸、茶叶、针线包、圆珠笔、明信片等。

（2）客用固定物品，这类物品是放在客房内供客人使用的，属于多次性消耗品，不允许客人带走，如衣架、各类布草、茶水具、酒具、烟灰缸、服务夹等。

（3）客人租借物品，这类物品一般不放在客房内，而是存放在客房中心，供客人临时需要时借用。客人租借物品品种较多，小到文具及小型生活用品，如订书机、橡皮、包装绳、水果刀等；大到一些电器及大件用品，如电熨斗、台灯、加床等。

二、客房客用品的配备标准

不同星级、类型的客房，客用品配备的种类、规格不尽相同，饭店应根据自身情况及有关行业标准，合理进行配备。

下面介绍某星级饭店大床间卧室及卫生间客用品配备标准及摆放要求（见

表 3-8 和表 3-9），供学习参考。

表 3-8　某星级饭店大床间卧室客用品配备标准及摆放要求

摆放位置	物品名称	数量	摆放要求	备注
门后把手	"请勿打扰"牌	1个	挂在门把上	做夜床时，将"请勿打扰"牌及早餐牌放在床头柜上
	"请即清扫"牌	1个		
	早餐牌	1张		
壁橱	防毒面具	1个	各种物品摆放整齐有序，方便客人取用	高档客房配备熨斗及熨衣板
	备用毛毯	1条		
	备用枕头	1个		
	浴衣	1件		
	衣架	4个西服衣架、2个裤架、2个裙架		
	擦鞋篮	1只		
	拖鞋	1双		
	擦鞋布	1块		
	鞋拔子	1个		
	衣刷	1把		
	洗衣袋	1个		
	洗衣单	干洗、水洗各1份		
小冰箱	软饮料	可口可乐、健怡可乐、雪碧各1听，巴黎水、依云水、橙汁、苹果汁、啤酒各1瓶	摆放整齐有序，方便客人取用	—
	巧克力	2块		
吧台或茶具柜	玻璃杯	4个	台面或柜面整洁	高档客房配袋装咖啡
	杯垫	4个		
	调酒棒	2根		
	餐巾纸	4张		
	冰桶	1个		
	冰桶夹	1个		
	食品	开心果1袋、薯片1盒、饼干2袋		
	账单	1份		

续表

摆放位置	物品名称	数量	摆放要求	备注
吧台或茶具柜	价目表	1张	台面或柜面整洁	高档客房配袋装咖啡
	电热水瓶	1个		
	茶盘	1个		
	茶杯	2个		
	茶叶盅	1个		
	茶叶	红、绿茶各2包		
	免费矿泉水	2瓶		
写字台	台灯	1个	文具用品需有序摆放在文具盒内	服务指南可放在抽屉内
	服务指南	1本		
	烟灰缸	1个		
	火柴	1盒		
	网线	1根		
	文具盒	铅笔2支、橡皮1块、尺子1把、回形针6枚、胶水1瓶、订书机1个及订书钉约20个		
写字台抽屉内	文具夹	1个	各种物品需分类摆放、整齐有序，方便客人取用	为摆放整齐，大部分文具用品应放在文具夹内
	饭店简介	1本		
	安全须知	1本		
	信封（普通）	4个		
	信纸	5张		
	明信片	2张		
	传真纸	2张		
	行李贴	2张		
	客人意见书	1份		
	针线包	1个		
	圆珠笔	1支		
	本地地图	1张		
	礼品袋	1个		
写字台旁	垃圾桶	1个	—	垃圾桶需配垃圾袋
电视机柜	电视节目单	1份	放置在电视机上	做夜床时将遥控器放在床头柜上
	遥控器	1个		

续表

摆放位置	物品名称	数量	摆放要求	备注
圆桌（茶几）	烟灰缸	1个	摆放整齐	—
	火柴	1盒		
床上	被子	1条	床上用品需按床铺整理要求和规格布置	靠垫与床尾巾用作装饰
	被套	1个		
	枕芯	4个		
	枕套	2对		
	床单	1条		
	褥垫（床垫保护垫）	1个		
	床裙	1条		
	靠垫	2个		
	床尾巾	1条		
床头柜	便笺夹	1个	各种物品摆放整齐	非无烟房床头柜可摆放烟灰缸
	便笺纸	5张		
	铅笔	1支		
	电话机	1部		
	环保卡	1张		
	小闹钟	1个		
床头柜抽屉内	电话号码簿	1本	—	—
	备用手电筒	1个		

表3-9　某星级饭店卫生间客用品配备标准及摆放要求

摆放位置	物品名称	数量	摆放要求	备注
洗脸台上	漱口杯	1个	各种物品摆放整齐有序，方便客人取用	避免物品摆放占据台面过多的位置
	小香皂	1块		
	肥皂碟	1个		
	小方巾	1条		
	牙具	1套		
	沐浴液	1瓶		
	洗发液	1瓶		

续表

摆放位置	物品名称	数量	摆放要求	备注
洗脸台上	浴帽	1个	各种物品摆放整齐有序,方便客人取用	避免物品摆放占据台面过多的位置
	梳子	1把		
	护理包	1个		
	润肤露	1瓶		
	剃须刀	1把		
	面巾纸	1盒		
	吹风机	1个		
洗脸台下	垃圾桶	1个	垃圾桶应靠近坐便器	—
	体重秤	1个		
毛巾架上(洗脸台旁)	洗脸巾	1条	洗脸巾悬挂端正且正面向上	—
毛巾架上(浴缸上方)	小浴巾	1条	小浴巾悬挂摆放,大浴巾折叠摆放	—
	大浴巾	1条		
淋浴间	地巾	1条	悬挂在淋浴间门外把手上	—
	沐浴液	1瓶	放在淋浴间搁架上,方便客人取用	—
	洗发液	1瓶		
	肥皂	1块		
	防滑垫	1块	反卷放在淋浴喷头对面的墙角处	做夜床时平铺在淋浴间地面上
坐便器水箱上	备用厕纸	1卷	—	—
	卫生袋	1个		
坐便器旁	厕纸架	1个	厕纸架安装在坐便器一侧的墙上,厕纸装在厕纸架内	—
	厕纸	1卷		
	电话机	1部		

为方便客房服务员对照,客用品配备标准及摆放要求最好采用图文并茂的方式制作成操作指南,张贴在楼层工作间墙上,如图3-13至图3-15所示。

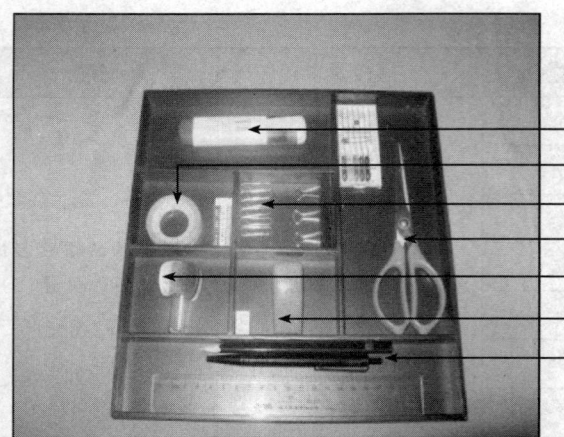

图3-13　客房文具用品摆放要求

客房文具用品摆放要求
- 荧光笔放在第一层
- 胶带纸、橡皮放在第二层的左边一格
- 回形针、长尾夹放在第二层的中间一格
- 针线包、剪刀放在右边一格
- 起钉器放在第三层的左边一格
- 订书机、订书钉放在第三层的中间一格
- 铅笔、圆珠笔、直尺放在最下面一层

图3-14　客房茶具柜物品摆放要求

客房茶具柜物品摆放要求
- 两瓶矿泉水之间无距离
- 热水壶、冰桶、矿泉水之间均间隔3个手指宽
- 酒水单放在左下角，与茶具柜边角对齐

图3-15　卫生间客用品配备标准

卫生间客用品配备标准
牙具2套
梳子1把
棉签1盒
浴帽1个
润肤露1瓶
沐浴液1瓶
洗发液1瓶
50g香皂1块

学习单元 2　客用品的领发

客用品的领发

一、操作准备

客房服务员应统计好本楼层客用品的现存情况。

二、操作步骤

步骤 1　提出申领

（1）客房服务员按楼层库房物品的规定配备标准提出申领计划。

（2）填好"楼层客用物品申领单"（见表 3-10），并由领班签字。

表 3-10　楼层客用物品申领单

楼层：　　　　　　　　　　　　　　　　　　　　　　　　　　　日期：

序号	物品名称	单位	需求量	实发数	序号	物品名称	单位	需求量	实发数
1	茶叶（红茶）	袋			13	介绍册/价目表	张		
2	茶叶（绿茶）	袋			14	明信片	张		
3	便笺夹	个			15	洗衣单（水洗）	张		
4	圆珠笔	支			16	干洗及熨衣单	张		
5	针线包	个			17	房间酒水单	本		
6	火柴	盒			18	拖鞋	双		
7	行李贴	张			19	客房送餐牌	张		
8	面巾纸	盒			20	服务指南	本		
9	信纸	张			21	"请勿打扰"牌	个		
10	信封（普通）	个			22	客人意见书	份		
11	便笺纸	张			23	洗发液	瓶		
12	便笺笔	支			24	沐浴液	瓶		

续表

序号	物品名称	单位	需求量	实发数	序号	物品名称	单位	需求量	实发数
25	护发素	瓶			35	衣刷	把		
26	香皂	块			36	擦鞋篮	只		
27	厕纸	卷			37	文具夹	个		
28	剃须刀	把			38	茶盘	个		
29	牙具	套			39	茶杯	个		
30	润肤露	瓶			40	茶叶盅	个		
31	衣架（外套架）	个			41	水杯	个		
32	衣架（内衣架）	个			42	烟灰缸	个		
33	衣架（裙、裤架）	个			43	肥皂碟	个		
34	鞋拔子	个							

制表：　　　　审核：　　　　领用：　　　　发货：　　　　验收：

步骤2　领取

（1）到客房部中心库房领取库房物品。

（2）中心库房根据申领单发放物品，并凭表做账。

步骤3　存放

将领用的物品存放在楼层库房。

三、注意事项

1. 饭店客房部通常设有中心库房（二级库），负责客房部物品的储存、领发工作。也有一些饭店客房部不设中心库房，由饭店总库房（一级库）负责物品的储存、领发工作。

2. 为便于管理，需规定库房物品使用周期和领发时间。物品领发一般为一周一次，领发时间一般固定在某一天的某一时间段。

3. 客房物品有许多是纸盒包装的，还有洗发液、沐浴液等瓶装液体，在领取运送时要小心操作，领货时最好使用小推车。

4. 小型饭店库房物品的领发和保管一般由楼层领班兼管，大型饭店可设专人负责。

 **相关链接**

布草运送车

现在一些饭店专门配备了布草运送车（见图）。洗衣房每天根据楼层开出的布草申领数，将布草配备好，放入布草车内，运送到楼层，客房服务员清扫客房时直接从布草车上拿取布草。这种做法减少了干净布草运送到楼层后存放到楼层库房，然后再补充到房务工作车上这两个环节，提高了工作效率。

布草运送车

参考文献

1. 汝勇健. 客房服务与管理［M］. 南京：东南大学出版社，2007.
2. 支海成. 客房服务员：中级［M］. 北京：中国劳动社会保障出版社，2002.
3. 杨小鹏. 白天鹅宾馆管理实务［M］. 广州：广东旅游出版社，2006.
4. 唐志辉. 西方管理在中国的应用［M］. 北京：旅游教育出版社，1997.
5. 支海成. 客房部运行与管理：第2版［M］. 北京：旅游教育出版社，2003.
6. 陈乃法，吴梅. 饭店前厅客房服务与管理［M］. 北京：高等教育出版社，2007.
7. 胡永辉. 金陵饭店工作手册［M］. 南京：译林出版社，1999.
8. ［美］斯柯内德 M 等著. 专业管家［M］. 冯潮艺，程凌梅，译. 大连：大连理工大学出版社，2002.
9. ［美］卡帕 M，尼奇克 A 等著. 饭店客房管理［M］. 潘之东，译. 北京：中国旅游出版社，2002.
10. 谢浩萍. 会议服务［M］. 上海：格致出版社，上海人民出版社，2008.
11. 范运铭. 客房服务与管理案例选析：第2版［M］. 北京：旅游教育出版社，2005.
12. 《旅游饭店星级的划分与评定释义》编写组. 旅游饭店星级的划分与评定释义［M］. 北京：中国旅游出版社，2010.
13. 全国旅游星级饭店评定委员会办公室. 星级饭店访查规范饭店特殊情景题库［M］. 北京：中国旅游出版社，2007.
14. 张耀宗. 饭店服务员纠错100例［M］. 北京：现代出版社，2007.